Jessica Motzer

Mit Humor gegen den Stress

Der Einfluss humorvoller Führung auf soziale Stressoren

Bibliografische Information der Deutschen Nationalbibliothek:

Die Deutsche Nationalbibliothek verzeichnet diese Publikation in der Deutschen Nationalbibliografie; detaillierte bibliografische Daten sind im Internet über http://dnb.d-nb.de abrufbar.

Impressum:

Copyright © ScienceFactory 2018

Ein Imprint der Open Publishing GmbH, München

Druck und Bindung: Books on Demand GmbH, Norderstedt, Germany

Covergestaltung: Open Publishing GmbH

Inhaltsverzeichnis

Abstract..4

Zusammenfassung 5

Abbildungsverzeichnis 6

Tabellenverzeichnis...7

1 Einleitung...8

2 Theoretische Grundlagen 10

2.1 Führungskräfte..10

2.2 Stress 16

2.3 Humor 21

2.4 Fragestellung und Hypothesen 27

3 Methode...29

3.1 Stichprobe 29

3.2 Messinstrumente...30

3.3 Durchführung 32

4 Ergebnisse 34

4.1 Deskriptive Daten 34

4.2 Sozialer Stress und Humor 34

4.3 Geschlecht und Humor: Der t-Test 37

5 Diskussion 39

Literaturverzeichnis...44

Anhang 53

Anhang A: Fragebogen 53

Anhang B: Ergebnisse der Datenanalyse.............58

Anhang C: Persönliche Kommunikation mit Sandro Scharlibbe, Brose Fahrzeugteile GmbH & Co. KG 66

Abstract

The aim of the present study was to examine the relationship between leadership humour and the social stress of employees, with special consideration on gender effects.

The data collection has been conducted by an online questionnaire. The participants consist of 226 employees in Germany over the age of 18 reporting to an executive.

Data analysis revealed a strong correlation between leadership humour and social stressors. Thus, it can be concluded that employees of an executive who uses humour as a management tool feel less stressed by social relationships in the workplace.

However, no gender differences in the perception of humour could be identified. As a result, female supervisors are able to use humour as a resource and management tool likewise as their male colleagues.

This study substantiates current findings, provides novel insights and uncovered that further research is needed, especially in the field of humour in the workplace and women in leadership positions.

Zusammenfassung

Das Ziel der vorliegenden Studie war es, den Zusammenhang zwischen humorvoller Führung und dem sozialen Stress der Mitarbeitenden zu untersuchen, unter besonderer Berücksichtigung von Gendereffekten.

Die Datenerhebung wurde mittels eines Online-Fragebogens durchgeführt. Die Gelegenheitsstichprobe umfasste 226 volljährige Arbeitnehmer*innen aus Deutschland, die an eine Führungskraft berichten.

Die Datenanalyse ergab einen signifikanten Zusammenhang zwischen Führungskräftehumor und sozialen Stressoren. Demnach wirkt sich ein humorvoller Führungsstil positiv auf das gesundheitliche Wohlbefinden der Mitarbeiter*innen aus.

Geschlechtsspezifische Unterschiede in der Wahrnehmung von Humor wurden hingegen nicht festgestellt. Demzufolge steht Humor weiblichen Vorgesetzten als Ressource und Führungsinstrument ebenso zur Verfügung wie ihren männlichen Mangerkollegen.

Diese Studie untermauert aktuelle Befunde, liefert neue Erkenntnisse und deckte weiterführenden Forschungsbedarf, v.a. in den Bereichen Humor im Arbeitskontext und Frauen in Führungspositionen, auf.

Abbildungsverzeichnis

Abbildung 1: Historische Entwicklungslinien der Führungsforschung 12

Abbildung 2: Frauenanteil in der Führungsspitze von Unternehmen in ausgewählten Ländern Europas im Jahr 2015 15

Abbildung 3: Transaktionales Stressmodell nach Lazarus 19

Abbildung 4: Modell der Erheiterung als Eigenschaft und Zustand mit den Beziehungen zu Heiterkeit, Ernst und schlechter Laune 22

Abbildung 5: Branchenangaben der Teilnehmer*innen bei N=226 58

Abbildung 6: Scatterplot-Diagramm mit Regressionsgerade für die UV Humor und die AV soziale Stressoren 58

Abbildung 7: Boxplot-Diagramm nach Geschlecht der Mitarbeiter*innen hinsichtlich der Einschätzung des Humors ihrer/s Vorgesetzten 59

Abbildung 8: Boxplot-Diagramm nach Geschlecht der Führungskraft hinsichtlich der Einschätzung ihres Humors durch ihre Mitarbeiter*innen 59

Tabellenverzeichnis

Tabelle 1: Korrelationen der Variablen soziale Stressoren, Humor, Heiterkeit, schlechte Laune, Alter und Tätigkeitsdauer 36

Tabelle 2: Deskriptive Daten der Stichprobe bezogen auf das Geschlecht, die Tätigkeitsdauer und das Alter 60

Tabelle 3: Regressionsmodell der sozialen Stressoren und Humor 61

Tabelle 4: Deskriptive Daten aller Variablen mit Varianzen 61

Tabelle 5: Deskriptive Daten der Variablen Humor, Heiterkeit, schlechte Laune und soziale Stressoren bezogen auf das Geschlecht der Mitarbeiter*innen 62

Tabelle 6: t-Test für unabhängige Stichproben der Variable Humor bezogen auf das Geschlecht der Mitarbeiter*innen 63

Tabelle 7: Deskriptive Daten der Variablen Humor, Heiterkeit, schlechte Laune und soziale Stressoren bezogen auf das Geschlecht der bewerteten Führungskraft 64

Tabelle 8: t-Test für unabhängige Stichproben der Variable Humor bezogen auf das Geschlecht der bewerteten Führungskraft 65

1 Einleitung

Unternehmen stehen zunehmend unter massivem Wettbewerbsdruck (Marschall, Hildebrandt, Sydow & Nolting, 2017, S. 5) und delegieren die Anforderungen des Marktes über die Führungskräfte an ihre Mitarbeiterschaft.

Die technologische Entwicklung oder die Globalisierung bedingen immer komplexere und schnellere Arbeitsprozesse und beanspruchen Mitarbeiter*innen wie Führungskräfte (Struhs-Wehr, 2017, S. 61). Diese Beanspruchung führt zu Stress, zwischenmenschlichen Konflikten und langfristig zu einer drastischen Zunahme psychischer Erkrankungen (Ducki, 2015, S. 29; Wilpert, 2007, S. 654).

Stress gehört mittlerweile zum Arbeitsalltag dazu und ist in Organisationen zum Normalzustand geworden (Ducki, 2015, S. 19, 30). Dass es sich dabei um einen Hauptrisikofaktor für die physische und psychische Gesundheit handelt (Kaluza, 2012, S. 4), wird meist ausgeblendet. Die Folgen für die Belegschaft können gravierende Langzeitschäden wie Depressionen oder ein dysfunktionales Immunsystem sein. Aber auch die Unternehmen bekommen die Auswirkungen zu spüren: So nehmen nachweislich Fehlzeiten, Konflikte oder sogar Diebstahlsdelikte zu, während das Betriebsklima, die Motivation und die Arbeitsleistung sinken (Ducki, 2015, S. 29).

Viele Unternehmen haben die Problematik mittlerweile erkannt und realisiert, dass der Erhalt der Gesundheit der Mitarbeiter*innen ein wesentlicher Bestandteil ihrer Wettbewerbsfähigkeit ist (Wilpert, 2007, S. 654). Das Hauptaugenmerk liegt dabei scheinbar auf der Förderung der körperlichen Gesundheit, da der Gesamtkrankenstand 2016 zwar leicht sank, die Fälle psychischer Erkrankungen aber weiter anstiegen (Marschall et al., 2017, S. VIII, 18, 142).

Momentan scheinen Unternehmen also kaum in der Lage zu sein, durch sozialen Stress verursachte Konflikte und deren negative Auswirkungen einzudämmen.

Da das psychische Wohlbefinden in hohem Maße von sozialen Beziehungen beeinflusst wird (BAuA, 2016, S. 6), ist es essentiell, Ressourcen zu identifizieren – und systematisch einzusetzen –, die gegen soziale Stressoren wirken. Neben sozialer Unterstützung nennt die Literatur auch eine andere soziale Ressource, die bereits in einigen Betrieben erfolgreich eingesetzt wird: Den Humor (Kunze, Ducki & Brandt, 2016, S. 172; Mesmer-Magnus, Glew & Viswesvaran, 2012, S. 175).

Die vorliegende Arbeit soll dazu beitragen zu verstehen, inwiefern Humor ein wirksames Instrument für Führungskräfte sein kann, um den sozialen Stress für Mitarbeiter*innen und sich selbst zu reduzieren und Beziehungskonflikten und psychischen Krankheiten vorzubeugen.

Ziel dieser Studie ist es zudem, herauszufinden, ob das Geschlecht der Führungskraft bzw. der Mitarbeiter*innen einen Einfluss auf die Wahrnehmung des Führungskräftehumors hat. Denn nur wenn Humor auch als solcher wahrgenommen wird, ist mit positiven Ergebnissen zu rechnen.

Schließlich sind durchschnittlich fast ¼ aller Führungskräfte in Deutschland weiblich (European Women on Boards, 2016) und die Diskussion um einen höheren Frauenanteil in den Chefetagen, die Ausgestaltung flexiblerer Arbeitszeitkonzepte oder der Ausbau von Betreuungsangeboten durch Unternehmen dürfte die Zahl weiblicher Vorgesetzter sukzessive ansteigen lassen.

2 Theoretische Grundlagen

Die theoretische Auseinandersetzung gewährt einen Überblick über Begriffe, Modelle, Studien sowie die Entstehung der einzelnen Themenbereiche, verdeutlicht die Relevanz der Forschungsfrage und erleichtert die Einordnung dieser Arbeit in den gegenwärtigen Forschungsstand.

2.1 Führungskräfte

Nach der Erläuterung relevanter Begriffe beschreibt ein historischer Rückblick die Entwicklung verschiedener Führungsansätze, bevor aktuelle Führungsinstrumente und -konzepte beleuchtet werden und abschließend die Rolle weiblicher Führungskräfte diskutiert wird.

2.1.1 Begriffserklärung und Überblick

Unter Führung wird die „[…] zielbezogene Einflussnahme verstanden, die sich kommunikativ und in Interaktion mit den Strukturen der Organisation, Persönlichkeitsmerkmalen der Person und situativen Aspekten vollzieht" (Spieß & Stadler, 2007, S. 259). Die Beeinflussung der Mitarbeiterschaft zum Wohle des Unternehmens ist somit wesentlicher Bestandteil der Führungsaufgabe (Steiger, 2013, S. 114).

Führungskräfte müssen nicht nur der aus dem Arbeitsvertrag resultierenden Fürsorgepflicht nachkommen (Saupe & Korek, 2016, S. 159), sie tragen auch die Verantwortung für das Wohlbefinden ihrer Mitarbeiter*innen (Franke & Felfe, 2011, S. 11) und haben zudem eine „ethisch-moralische Fürsorgeverantwortung", weil Arbeitnehmer*innen an Anweisungen gebunden sind und sich darauf verlassen müssen, dass die Führungskräfte das Vertrauen nicht missbrauchen (Blickle, 2007, S. 148).

Daraus ergeben sich verschiedene Rollen für die Führungskraft wie Vorbild, Ressourcen- oder Sicherheitsmanager*in, die ihr/ihm bewusst sein sollten, da das eigene Verhalten die Mitarbeiter*innen positiv wie negativ beeinflussen und weitreichende Konsequenzen haben kann (Franke & Felfe, 2011, S. 3, f.).

Franke und Felfe (2011) führen an, dass durch freundliche und faire Kommunikation und Interaktion (Lob, Wertschätzung, etc.) Mitarbeiter*innen direkt beeinflusst werden können, was positive Auswirkungen auf ihr Wohlbefinden hat (S. 4).

Zusätzlich können Führungskräfte als Vorbilder fungieren und durch den Übertragungseffekt ein bestimmtes Verhalten bei ihren Mitarbeiter*innen hervorrufen, allerdings muss die Führungskraft das gewünschte Verhalten selber konsequent vorleben, um als authentisch und glaubwürdig wahrgenommen zu werden (S. 4, 9).

Zudem können Führungskräfte ihre Mitarbeiterschaft indirekt beeinflussen, indem sie den eigenen Stress – bewusst oder unbewusst – delegieren, was schlechtes Führungsverhalten oder eine negative Vorgesetzten-Mitarbeiter*innen-Beziehung bewirken kann (Ducki, 2015, S. 96; Marschall et al., 2017, S. 5; Skakon, Nielsen, Borg & Guzman 2010, S. 131, f.).

Auch die Arbeitsgestaltung kann Verhalten und Gesundheit der Mitarbeiter*innen beeinflussen, indem stressreduzierende Ressourcen wie soziale Unterstützung oder Handlungsspielräume bereitgestellt werden (Ducki, 2015, S. 22; Franke & Felfe, 2011, S. 4).

Die Unternehmenspraxis belegte die Wirksamkeit der Beeinflussung, indem sie eine potentielle Übertragung der Fehlzeitenquote nachwies: Wechselte eine Führungskraft die Abteilung, stellte sich bei der Mitarbeiterschaft zeitnah ein ähnlicher Krankenstand wie in der vorherigen Abteilung ein (Struhs-Wehr, 2017, S. 5).

Eine andere Studie belegte, dass Arbeitnehmer*innen, die einen Tag unter einer freundlichen Führungskraft, statt – wie üblich – unter einer/m unfreundlichen Vorgesetzten, zubrachten, einen signifikant niedrigeren Blutdruck aufwiesen (Rigotti & Mohr, 2011, S. 73).

2.1.2 Historischer Hintergrund

Führungstheoretische Grundgedanken machten sich bereits die Philosophen des Alten Griechenlands, wobei sich die vier relevanten Hauptströmungen der Führungsforschung erst zu Beginn des 20. Jahrhunderts herausbildeten (Steiger, 2013, S. 37, ff.).

Steiger (2013) sieht die Eigenschaften und die Persönlichkeit der Führungskraft als Ausgangspunkt der Forschungsansätze (S. 39). Wie Abbildung 1. verdeutlicht, wurden die Theorien im Laufe der Zeit zunehmend komplexer und so wurde anschließend erst das Vorgesetztenverhalten gegenüber den Mitarbeiter*innen, dann die Beziehung zueinander sowie die jeweilige Führungssituation und schlussendlich das gesamte System – also das Zusammenspiel von Führungskraft, Mitarbeiter/in, Situation und Organisation – wesentlich für den Führungserfolg.

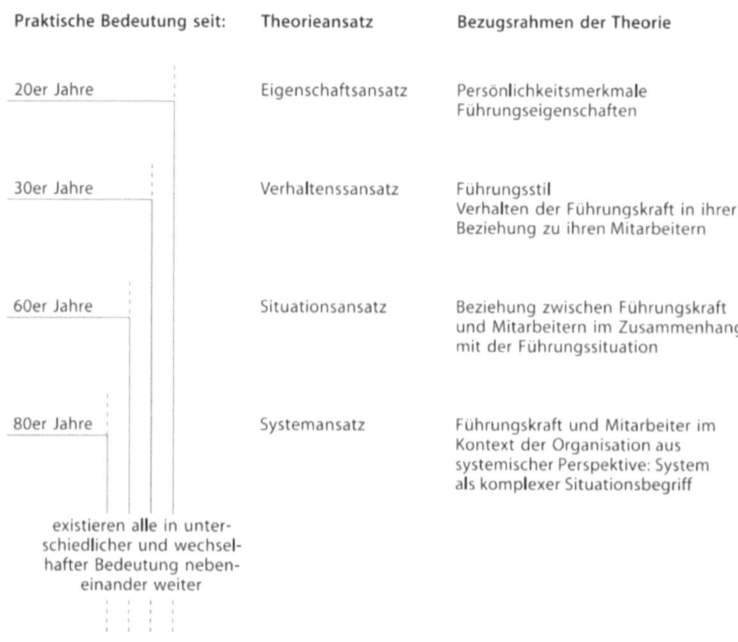

Abbildung 1: Historische Entwicklungslinien der Führungsforschung

(Steiger, 2013, S. 39, Abb. 3.1.)

Während der organisatorische Rahmen bis zur Mitte des letzten Jahrhunderts noch keine Möglichkeiten bot, sich mit dem Wohlbefinden der Mitarbeiter*innen auseinanderzusetzen, legten Fred Emery und Eric Trist in den 1950er Jahren den Grundstein für die soziotechnischen Systemansätze, die Mitarbeiter*innen als einen der Maschine gleichgestellten Produktionsfaktor im Organisationskontext sahen (Semmer & Udris, 2007, S. 161; Freimuth & Freimuth, 2017, S. 94, ff.).

Somit war der Weg frei für die Entwicklung der ersten Führungsansätze, die auch den Erhalt der Mitarbeitergesundheit berücksichtigten.

2.1.3 Führungsstile und -konzepte

Welcher Führungsstil bzw. welches Konzept zur Mitarbeiterführung angewandt wird, hängt von unterschiedlichen Faktoren ab.

Grundsätzlich lässt sich eine mitarbeiterbezogene von einer aufgabenbezogenen Führung unterscheiden.

Bei der Mitarbeiterorientierung wird die/der Angestellte einbezogen und an Entscheidungen beteiligt, was bezeichnend für den kooperativen Führungsstil ist (Steiger, 2013, S. 42).

Die Aufgabenorientierung hingegen räumt den Mitarbeiter*innen keinerlei Partizipation ein und entspricht einem autoritären Führungsstil, wobei es zwischen den beiden Extremen jedoch diverse Abstufungen (Führungskontinuum) gibt, die den Führungsstil schlussendlich prägen (Steiger, 2013, S. 42, f.).

So findet im „Laissez-faire"-Stil kaum Führung statt, weil die Angestellten keine konkreten Arbeitsanweisungen bekommen und die Führungskraft selten in das Tagesgeschäft der Mitarbeiter*innen eingreift (Kauffeld, Ianiro & Sauer, 2014, S. 75).

Ein transaktionaler Führungsstil ist eher aufgabenbezogen und umfasst standardisierte Arbeitsabläufe und Routinehandlungen (Holmes & Marra, 2006, S. 122, f.). Die Führungskraft motiviert die Angestellten, eine bestimmte Arbeitsleistung abzurufen, um ihr Ziel zu erreichen (Boerner, 2004, S. 319, f.).

Während die Beeinflussung beim transaktionalen Führungsstil durch extrinsische Motivatoren geprägt ist, beabsichtigt die transformationale Führung, die innere Einstellung der Angestellten langfristig mit den Unternehmensinteressen zu synchronisieren (Felfe, 2015, S. 40). Durch Vermitteln attraktiver Visionen (*inspirational motivation*), vorbildliches und authentisches Auftreten (*idealized influence*), Inspiration zu selbstständigem Denken (*intellectual stimulation*) sowie Förderung der persönlichen Weiterentwicklung (*individual consideration*) nimmt die/der Vorgesetzte gezielt Einfluss (Felfe, 2015, S. 39, f.).

Beim LMX-Konzept (*leader-member exchange*), das die Vorgesetzten-Mitarbeiter*innen-Beziehung fokussiert, ist die soziale Austauschbeziehung anfangs transaktional, wandelt sich später aber in ein transformationales Konzept (Graen & Uhl-Bien, 1995, S. 238).

Forscher*innen betonen schon seit Jahren die positiven Auswirkungen mitarbeiterorientierter Führungsansätze wie dem transformationalen Führungsstil (Felfe, 2015, S. 39, ff.), dem LMX-Konzept (Graen & Uhl-Bien, 1995), der authentischen Führung (Wesche & Fleig, 2016, S. 3, ff.) oder dem „Health-oriented Leadership"-Konzept (Franke & Felfe, 2011, S. 5, ff.).

Doch trotz der positiven Effekte auf das Stressempfinden, die Arbeitsleistung, das affektive Wohlbefinden (Skakon et al., 2010, S. 131, f.), die physische und psychische Gesundheit und Arbeitszufriedenheit (Franke & Felfe, 2011, S. 4; Gregersen, Kuhnert, Zimbert & Nienhaus, 2011, S. 6; Pundt & Venz, 2016, S. 322) sowie auf das Selbstbild (Schermuly, 2016, S. 23) der Mitarbeiter*innen, werden diese Ansätze in der Unternehmenspraxis nur zögerlich umgesetzt (Felfe, 2015, S. 39).

2.1.4 Frauen in Führungspositionen

Obwohl Frauen seit jeher in Gesellschaft oder Politik Führung ausgeübt haben, ist der Führungsbegriff im Organisationskontext männlich konnotiert (Damousi & Tomsic, 2014, S. 332).

Erst durch die vehementen Forderungen nach besserer Bildung in den 1970er Jahren wurden Frauen als Arbeitsnehmerinnen autonom und allmählich akzeptiert (Bührmann, Diezinger & Metz-Göckel, 2014, S. 17).

Doch auch heute noch haben v.a. Mütter geringere Aufstiegschancen, weil sie überwiegend halbtags arbeiten (Holst & Friedrich, 2017, S. 10). Die Vereinbarkeit von Beruf und Familie könnte jedoch durch entsprechende Rahmenbedingungen (z.B. Kinderbetreuung) verbessert und Frauen damit der Zugang zu Führungsetagen erleichtert werden (Elprana, Hernandez & Pundt, 2016, S. 190).

Mittlerweile steigt die Zahl der weiblichen Vorgesetzten in Deutschland stetig an (Holst & Friedrich, 2017, S. 20), dennoch sind sie auch 2015 mit 22,6% im europäischen Vergleich immer noch unterrepräsentiert (Abb. 2.2.).

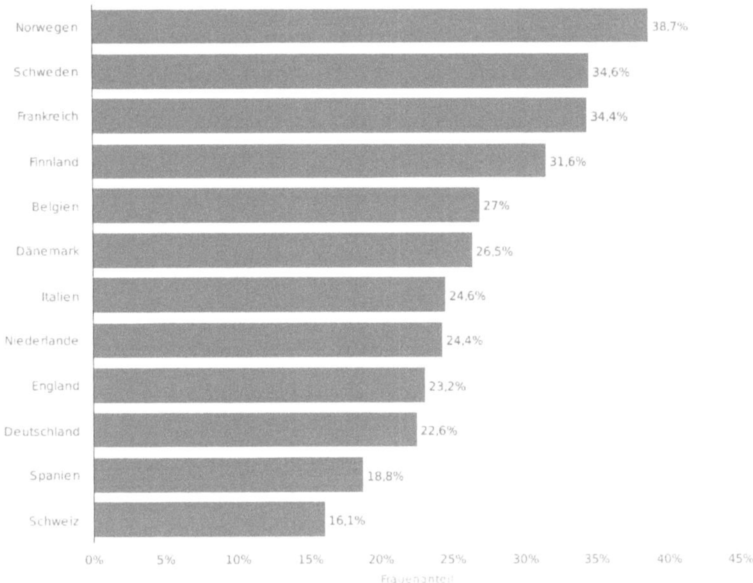

Abbildung 2: Frauenanteil in der Führungsspitze von Unternehmen in ausgewählten Ländern Europas im Jahr 2015

(European Women on Boards, 2016, www.statista.com)

Zurückgeführt werden kann dies auch auf die geschlechtsspezifische Erwartungshaltung der Gesellschaft, familiäre Verpflichtungen, die Männerkultur im Unternehmensmanagement und die Ausgrenzung aus informellen Netzwerken (Holst & Friedrich, 2017, S. 6; Semmer & Udris, 2007, S. 188; Wegge & von Rosenstiel, 2007, S. 481).

Durch die anerzogenen Rollenbilder gestehen und trauen sich bereits Mädchen weniger zu, wohingegen Jungen dominantes Verhalten erlernen, was sich aufs spätere Berufsleben auswirkt: Weibliche Führungskräfte verdienen durchschnittlich – bei gleicher Leistung und gleicher Qualifikation – immer noch durchschnittlich 25% weniger als ihre männlichen Kollegen (*Gender Pay Gap*) und erhalten geringere Sonderleisungen (Holst & Friedrich, 2017, S. 9, f.).

Dies ist unbegründet, denn Frauen sind mindestens genauso gut qualifiziert wie ihre männlichen Kollegen (Holst & Friedrich, 2017, S. 1).

Dennoch werden weibliche Führungskräfte meist nur als kompetent und effektiv wahrgenommen, wenn sie mehr leisten als männliche Kollegen oder sie in „typisch weiblichen" Branchen arbeiten (Elprana et al., 2016, S. 190).

Managerinnen stehen heutzutage jedoch viele Führungskonzepte offen, um ihren Führungserfolg zu sichern. So zeigen Elprana et al. (2016) auf, dass Frauen öfter den transformationalen Führungsstil anwenden und sich u.a. durch ihre gute Vorbildfunktion und nachhaltigen Entscheidungen auszeichnen (S. 189).

Bei der Selbstvermarktung, also dem Sichtbarmachen der Erfolge, besteht für weibliche Vorgestzte aber noch Optimierungsbedarf, denn hier sind ihre Kollegen wesentlich selbstbewusster (Elprana et al., 2016, S. 189).

Auch wenn „noch Anstrengungen zur Gleichstellung der Geschlechter in Führungspositionen notwendig" (Holst & Friedrich, 2017, Vorwort) sind, so ist das Thema heutzutage zumindest omnipräsent und die Gleichstellung von Frauen im Beruf wird offen diskutiert.

2.2 Stress

Nach der Definition der zentralen Begriffe und einem historischen Rückblick werden die sozialen Stressoren am Arbeitsplatz fokussiert. Gefolgt von der Betrachtung bedeutender Modelle und Ressourcen sollen die abschließend dargestellten Stressfolgen den Handlungsbedarf für Unternehmen verdeutlichen.

2.2.1 Begriffserklärung und Überblick

Obwohl auch Stress uneinheitlich definiert wird, stimmen die zahlreichen Erklärungsansätze darin überein, dass Stress durch ein gefühltes „Ungleichgewicht im Verhältnis von Mensch und Situation" entsteht (Ducki, 2015, S. 19).

Eingangs empfiehlt sich eine Abgrenzung der Begriffe „Belastungen" und „Beanspruchungen". Belastungen sind „alle von außen auf den Organismus einwirkenden Faktoren" und Beanspruchungen sind „die Auswirkungen der Belastungen auf den Organismus", wobei das Ausmaß der Beanspruchung bei derselben Belastung individuell variiert (Semmer & Udris, 2007, S. 172).

Stress entsteht, wenn eine Beanspruchung negative Emotionen auslöst (Semmer & Udris, 2007, S. 173) und kann als „ein subjektiv unangenehmer Spannungszustand, der aus der Befürchtung entsteht, eine aversive Situation nicht ausreichend bewältigen zu können" (Zapf & Semmer, 2004, S. 1011), beschrieben werden.

Der Begründer der Stressforschung, Hans Selye, (Kaluza, 2012, S. 18) definierte Stress allgemein als „die unspezifische Reaktion des Körpers auf jede Anforderung" (Selye, 1981, S. 170).

In den 1940er Jahren führte er den Begriff „Stress", der den, durch physikalische Krafteinwirkung hervorgerufenen, Spannungszustand eines festen Körpers bezeichnet, in die medizinische Forschung ein (Kaluza, 2012, S. 4).

Sein auf physiologischen Reaktionen aufbauendes „Allgemeines Anpassungsyndrom" zur Erklärung von Stressreaktionen ist allerdings, trotz späterer Anpassungen (vgl. Selye, 1981, S. 171), umstritten (Semmer, 1984, S. 15; Zapf & Semmer 2004, S. 1019).

Die mittlerweile zahlreichen Konzepte begründen die Entstehung von Stress unterschiedlich (Semmer & Udris, 2007, S. 173, ff.).

Zu unterscheiden sind grundsätzlich reizorientierte Stressmodelle wie das „Job-Demand-Control" Modell (Karasek & Theorell, 1990, S. 31, ff.), reaktionsorientierte Stressmodelle wie das „Allgemeine Anpassungssyndrom" (Selye 1981, S. 166 ff.) und kognitive Stressmodelle wie das transaktionale Stressmodell (Lazarus & Launier, 1981, S. 213, ff.; Semmer & Udris, 2007, S. 174, ff.), das mittlerweile am besten zur Vorhersage von Stress etabliert ist (Bamberg & Fahlbruch, 2007, S. 621; Zapf & Semmer, 2004, S. 1020) und beispielsweise auch für die Entwicklung des Fragebogens zur Messung sozialer Stressoren am Arbeitsplatz (Ruch, Köhler & van Thriel, 1995) maßgeblich war.

Transaktionale Stressmodelle gehen davon aus, „daß Streß immer als Auseinandersetzung des Individuums mit seiner Umwelt entsteht" (Semmer, 1984, S. 15) und eine mangelnde „Übereinstimmung zwischen individuellen Bedürfnissen, Wünschen und Kompetenzen und Gegegebenheiten der Situation" (Bamberg & Fahlbruch, 2007, S. 621, f.) sind.

2.2.2 Soziale Stressoren am Arbeitsplatz

Nach Semmer und Udris (2007) sind Stressoren „Faktoren, die das Risiko von Stresszuständen erhöhen" (S. 173) und können in einem Unternehmen neben den „Aufgaben selbst" oder der „Arbeitsorganisation" auch „die sozialen Bedingungen" umfassen, zu denen „Konflikte/schlechtes Klima/Mobbing", eine „unfaire Behandlung" oder „zu große Abhängigkeit" zählen (S. 174).

In einer Umfrage der Technikerkrankenkasse (TK) aus 2016 wurden u.a. die „schlechte Stimmung im Team" (28%), „Probleme mit dem Vorgesetzten" (20%)

„mangelnde Anerkennung" (39%), „ungenaue Anweisungen" (38%) und „zu wenig Handlungsspielraum" (30%) als Stressfaktoren am Arbeitsplatz genannt (S. 24). Den sozialen Beziehungen am Arbeitsplatz wohnt also ein hohes Konflikt- und damit Stresspotential inne (Ducki, 2015, S. 29).

Frese, Greif und Zapf (2014) monieren, dass als potenzielle Arbeitsplatzstressoren trotzdem überwiegend die aufgabenbezogenen bzw. organisatorischen, weniger die sozialen Stressoren und ihre Folgen untersucht werden (S. 3).

Soziale Konflikte verursachen bei Führungskräften und Mitarbeiter*innen gleichermaßen Stress, der aber durch die soziale Beziehungen am Arbeitsplatz beeinflusst werden kann (Skakon et al., 2010, S. 108). Vor allem die soziale Unterstützung ist essentiell für die „Stressprävention" (Ducki, 2015, S. 22), von der auch das Unternehmen profitiert (Selye, 1974, zit. nach Skakon et al., 2010, S. 108).

2.2.3 Coping und Ressourcen

Coping ist „der Versuch der Stessbewältigung" (Semmer & Udris, 2007, 178). Individuelle Bewertungs- und Bewältigungsprozesse regulieren, wie intensiv jemand Stress empfindet und inwiefern sich dieser auf das Wohlbefinden der Person auswirkt (Bamberg & Fahlbruch, 2007, S. 622).

Belastungen und Beanspruchungen werden nach Lazarus & Launier (1981) unter Einbezug situativer Faktoren und zur Verfügung stehendender Ressourcen einem kognitiven Bewertungsprozess unterzogen, der in Abbildung 3. dargestellt wird:

- Primäre Bewertung (primary appraisal): Eine Situation wird als potentiell bedrohlich eingeschätzt (S. 233, ff.).

- Sekundäre Bewertung (secondary appraisal): Die Handlungsoptionen werden geprüft (S. 238, ff.).

- Neubewertung (re-appraisal): Die Situation wird erneut bewertet. Falls immer noch negative Emotionen und Stress verspürt werden, die Situation also immer noch belastend ist, kann es zu mehreren Neubewertungen kommen (S. 240, f.).

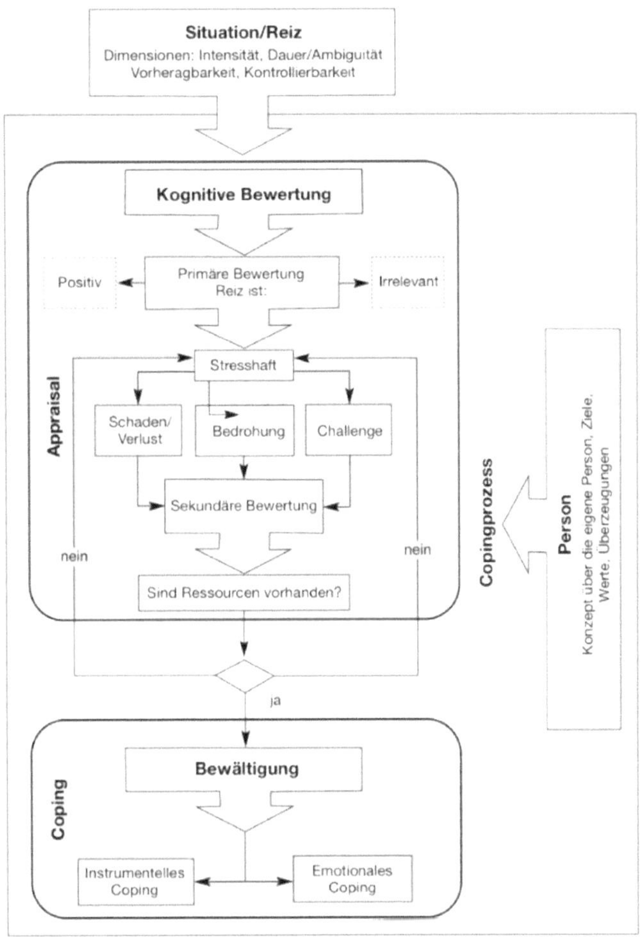

Abbildung 3: Transaktionales Stressmodell nach Lazarus

(Franke, 2012, S. 122, Abb. 8)

Die Nachhaltigkeit der Stressbewältigung hängt auch von der Art des Copings ab. Emotionales Coping (Alkoholkonsum, Termine aufschieben, usw.) unterdrückt Stressoren und hängt mit schlechtem Wohlbefinden zusammen, wohingegen problembezogenes/instrumentelles Coping (Ändern der Arbeitsweise, Weiterbildungsmaßnahmen, usw.) versucht, die Ursachen zu beseitigen und daher nachhaltiger ist (Semmer & Udris, 2007, S. 179).

Zudem ist die Effektivität des Bewältigungsprozesses von den persönlichen Ressourcen abhängig, weil diese die Stressoren verringern, die Stressbewältigung somit erleichtern und das Wohlbefinden einer Person positiv beeinflussen (Bamberg & Fahlbruch, 2007, S. 622; Ducki, 2015, S. 23; Semmer & Udris, 2007, S. 179; Vincent, 2011, S. 51).

Unterschieden werden generell personelle und situative Ressourcen. Die sozialen Ressourcen gehören zu den Zweitgenannten und umfassen beispielsweise soziale Unterstützung (Ducki, 2015, S. 22), Lob oder die Förderung der Teamarbeit (Vincent, 2011, S. 51).

Nach Kunze et al. (2016) können auf sozialer Ebene ein vertrauensvolles Teamklima, ein kooperativer Führungsstil und Humor die Mitarbeiter*innen beim Umgang mit Stress unterstützen (S. 172).

2.2.4 Auswirkungen von Stress

Die Intensität der Stressreaktion hängen u.a. von den Merkmalen der Stressoren, dem Coping, den Ressourcen, und der physiologischen Verfassung der Person ab (Struhs-Wehr, 2017, S. 39).

Die kurz- und langfristigen Stressfolgen können sich auf emotionaler, körperlicher, kognitiver und der Verhaltensebene abspielen (Bamberg & Fahlbruch, 2007, S. 622; Ducki, 2015, S. 28).

Ducki (2015) beschreibt die kurzfristigen Reaktionen des Körpers als evoluntionäres Erbe, das den Organismus auf Gefahrensituationen vorbereitet und „überflüssige" Körperfunktionen (Verdauung, Schmerzempfinden, etc.) herunterfährt, während notwendige Funktionen (Atmung, Muskelspannung, usw.) verstärkt werden (S. 28). Im Arbeitsumfeld können Betroffene mit Abschottung oder höherer Konfliktbereitschaft reagieren (S. 29).

Zu den langrfristigen Stressfolgen gehören u.a. mit sozialen Stressoren in Zusammenhang gebrachte psychische Befindensbeeinträchtigungen wie Depressionen, soziale Konflikte oder Mobbing (BAuA, 2016, S. 6; Gregersen et al., 2010, S. 6; Pangert & Schüpbach, 2011, S. 76; Struhs-Wehr, 2017, S. 5). Soziale Beziehungen wirken sich neben der Psyche auch auf die Arbeitszufriedenheit und die Motivation aus (BAuA, 2016, S. 6).

Doch erst wenn Stressoren über einen längeren Zeitraum wiederholt oder konstant auftreten, haben sie negative Auswirkungen auf die Gesundheit (Kaluza, 2012, S. 33; Semmer & Udris, 2007, S. 181).

Zwar ging der Gesamtkrankenstand 2016 im Vorjahresvergleich leicht zurück (Marschall et al., 2017, S. 142). Allerdings tangiert diese Entwicklung nicht die psychischen Erkrankungen, die im Jahr 2010 noch mit 9,3% auf Platz 4 der für Fehlzeiten verantwortlichen Krankheitsarten lag (Meyer, Stallauke & Weirauch, 2011, S. 223). 2016 belegten psychische Erkrankungen mit 17,1% erstmals den zweiten (Marschall et al., 2017, S. VIII & 18) und bei der Falldauer (ø 38,1 Tage) sogar den ersten Platz (Marschall, et al., 2017, S. 19).

Das Resultat für deutsche Unternehmen war 2015 ein Verlust von 1,6 Millionen Erwerbsjahren, was einem Produktionsausfall von 64 Milliarden Euro bzw. einem Bruttoverlust von 133 Milliarden Euro entspricht (BAuA, 2017, S. 1).

2.3 Humor

Zunächst werden wieder relevante Begriffe und Modelle erläutert. Nach einem historischen Exkurs über die Genese der Humorforschung erfolgt die Betrachtung des Themas aus arbeitsorganisatorischer Sicht und beleuchtet schließlich die geschlechtsspezifischen Aspekte.

2.3.1 Begriffserklärung und Überblick

Humor kann aufgrund seiner Komplexität nicht allgemeingültig definiert werden (Ruch & Zweyer, 2001, S. 9; Scheel & Gockel, 2017, S. 10, ff.; Schwarz, 2015, S. 48), kann jedoch als Fähigkeit und Einstellung betrachtet werden, schwierigen Situationen etwas Komisches abzugewinnen, eine positive Grundhaltung zu bewahren und diese seinem Umfeld zu vermitteln (Lies, 2016, S. 85).

Scheel und Gockel (2017) geben eine Übersicht über die drei Haupttheorien:

1. Inkongruenztheorie: Die Erheiterung wird durch die Kombination zweier unzusammenhängender oder widersprüchlicher Themenbereiche erzeugt. Das Lachen wird ausgelöst, weil eine bestimmte Erwartungshaltung nicht erfüllt bzw. ein Denkmuster nicht bestätigt wird (S. 13, f.)
2. Überlegenheitstheorie: Jemand amüsiert sich über scheinbare Schwächen anderer (Schadenfreude) und fühlt sich ihnen dadurch überlegen (S. 14, f.)
3. Befreiungstheorie: Sie geht zurück auf Freud (1905) und bezeichnet Humor, der angespannte Situationen auflockert und nervöse Zustände löst (S. 15, f).

Ruch et al. (1996) definieren Humor im Sinne von Erheiterung (*exhilaratability*) und visualisieren das Zusammenspiel der Konstrukte Heiterkeit (*cheerfulness*),

Ernst (*seriousness*) und schlechte Laune (*bad mood*) in Abbildung. 4. Sie differenzieren dabei zwischen Humor als überdauernder Einstellung bzw. Charakterzug (*trait*) und als veränderlichen, situativen Zustand (*state*) (S. 2).

Heitere Menschen lachen und lächeln häufiger und reagieren intensiver auf amüsante Stimuli als ernste oder schlecht gelaunte Personen (S. 5, f.). Sie besitzen eine gelassene und optimistische Lebenseinstellung und zeichnen sich durch einen überwiegend heiteren und entspannten Interaktionsstil aus (S. 7).

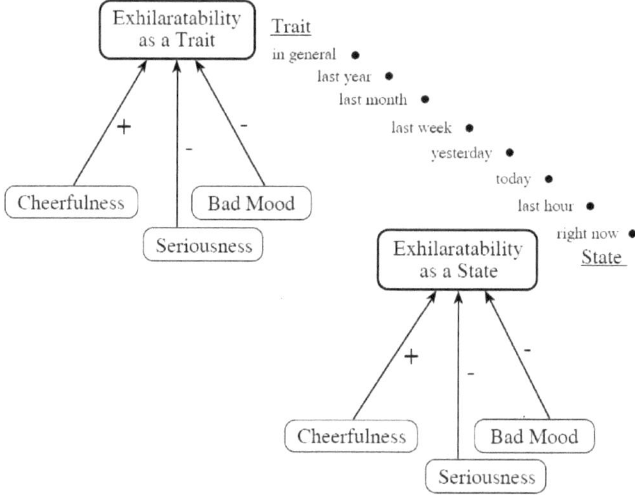

Abbildung 4: Modell der Erheiterung als Eigenschaft und Zustand mit den Beziehungen zu Heiterkeit, Ernst und schlechter Laune

(Ruch et al., 1996, S. 50, Abb. 1)

Ernste Personen hingegen neigen dazu, sich auch mit Alltagssituationen intensiver auseinanderzusetzen, als dies Menschen mit einer heiteren Grundeinstellung tun würden. Sie bevorzugen einen nüchternen Kommunikationsstil, rationale Argumente und planen langfristig (S. 7).

Personen mit schlechter Laune sind oft traurig, griesgrämig und niedergeschlagen. Sie reagieren sogar in heiteren Situationen missmutig und würden diese lieber meiden (S. 7).

Menschen mit Trait-Humor verarbeiten Stress nachhaltiger und sind weniger von psychosomatischen Erkrankungen betroffen (Ruch & Zweyer, 2001, S. 27). Ein ausschließlich situativer Humor, v.a. in Kombination mit anderen Stressoren, entwickelt u.U. keine positive Wirkung (Semmer & Udris, 2007, S. 175, 179). Trait-Humor scheint also der effektivere und gesündere Sinn für Humor zu sein und ist daher Gegenstand dieser Studie.

Humor ist auch abhängig von den Menschen in unserer Umgebung und gilt als erstrebenswertes Sozialverhalten (Bressler & Balshine, 2006, S. 30). Die Belege über Effekte von Humor auf die Gesundheit sind allerdings inkonsistent (Martin, 2001, S. 514). Dennoch verweist der Großteil der Forscher*innen auf die überwiegend positiven physiologischen und psychologischen Auswirkungen und betont die stresshemmende Wirkung von Humor (Bennett, 2003, S. 1258; Kuiper, 2012, S. 486, f.; Ruch & Zweyer, 2001, S. 25).

Der uneinheitliche Forschungsstand könnte darauf zurückzuführen sein, dass das Konstrukt Humor nicht immer ausreichend differenziert betrachtet wurde. Pundt und Herrmann (2015) beispielsweise unterschieden sozialen (positiven) von aggressivem (negativem) Humor und stellten fest, dass diese beiden Ausprägungen jeweils unterschiedliche Wirkungen auf die Adressaten hatten (S. 116, f.).

2.3.2 Historischer Hintergrund

Schon Aristoteles beschäftigte sich mit den Formen des Komischen, mit Ironie, Sarkasmus, Hohn, Spott, Humor, Zynismus und Schadenfreude sowie dem Lachen an sich (Schwarz, 2015, S. 5, 27).

In der Antike und auch im Mittelalter waren Humor und Lachen aber noch negativ konnotiert (Beermann & Ruch, 2009, S. 3). Ein Umdenken begann erst im 18. Jahrhundert mit einer humanistischeren Geisteshaltung in der Gesellschaft, während sich heutzutage Forschung und Kirche über die positiven Effekte von Humor einig sind (Beermann & Ruch, 2009, S. 4).

Anfang des zwanzigsten Jahrhunderts wurde das Thema empirisch aufgegriffen und der Ursprung des Komischen erforscht (Ruch & Zweyer, 2001, S. 9). Auch Freud veröffentlichte 1905 seine Arbeit „Der Witz und seine Beziehung zum Unbewussten", die heute als ein Grundpfeiler der Humorforschung gilt. Beispielsweise bezieht sich Provine (2004) fast hundert Jahre später noch auf die unbewusste Komponente des Lachens und konstatiert, dass ehrliches Lachen eine affektive Reaktion ist und somit dem Hirn nicht spontan abverlangt werden kann (S. 216). Freud (1905) betrachtet u.a. ökonomische, soziale oder kulturelle Aspekte (Pietzcker, 2006, S. 20), worauf verschiedene Fachrichtungen aufbauen.

Ruch und Zweyer (2001) datieren die nächstgrößere Welle der Humorforschung auf die 1970er Jahre, jedoch blieb es auch diesmal bei der theoretischen Auseinandersetzung und dem Versuch der Definition von Humor (S. 9).

Die dritte Hochphase begann in den 90er Jahren des letzten Jahrhunderts und beschäftigte sich nun mit der praktischen Anwendung von Humor. Auch wenn es immer noch unterschiedliche Definitionen gibt, haben sich Organisationen wie die ISHS (*International Society for Humor Studies*), die auch die Zeitschrift HUMOR (*International Journal of Humor Research*) herausgibt, die Förderung der Humorforschung auf die Fahne geschrieben (S. 9).

2.3.3 Humor am Arbeitsplatz

Lies (2016, S. 85) unterscheidet vier Funktionen von Humor im Arbeitskontext:

1. Menschen zusammenbringen, Zusammenhalt und Teamarbeit stärken
2. Distanz zu schwierigen Situationen und Menschen aufbauen (reduziert Stress)
3. Deeskalierend und damit konfliktlösend auf hitzige Diskussionen einwirken
4. Aufmerksamkeit erregen (Werbung)

Die konfliktlösende Wirkung (Kuiper, 2012, S. 481; Scheel & Gockel, 2017, S. 18; Smith & Khojaseth, 2014, S. 71) sowie der positive Einfluss von Humor auf die Kommunikation wird in der Literatur oft hervorgehoben (Bennett, 2003, S. 1258).

Auch können die Gruppenzugehörigkeit gestärkt, hierarchische Unterschiede hervorgehoben, andere ausgegrenzt oder Statusunterschiede überwunden und dadurch die Beziehung zwischen Führungskraft und Mitarbeiter*innen positiv beeinflusst werden (Hansot, 1986, S. 190; Holmes, 2000, S. 159, f., Pundt & Venz, 2017, S. 100).

Humor kann aber auch als Mittel zur sozialen Beeinflussung von informellen Anführern eingesetzt werden (Watson & Drew, 2017, S. 326, ff.).

Um aber bei den formellen Führungskräften und ihren wohlwollenden Intentionen zu bleiben, so zeigte sich, dass Vorgesetzte mit positivem Humor eher einen transformationalen Führungsstil anwenden, was positive Emotionen bei den Mitarbeiter*innen auslöst, sich positiv auf deren Arbeitsengagement/-leistung (Goswami, Nair, Beehr & Grossenbacher, 2016, S. 1092) und Kreativität auswirkt

(Arendt, 2009, S. 104, f.) und die Beziehung zwischen Vorgesetzten und Mitarbeiter*innen verbessert (Hoption, Barling & Turner 2013, S. 13, ff.).

Eine gute Vorgesetzten-Mitarbeiter*innen-Beziehung wiederum reduziert soziale Konflikte, wirkt sich stressreduzierend auf die Beteiligten aus (Kuiper & Martin, 1993, S. 94) und verbessert die Arbeitszufriedenheit der Mitarbeiterschaft (Robert, Dunne & Iun, 2015, S. 375).

Nicht alle Führungsstile eignen sich jedoch Humor einzusetzen, denn wenn dieser positiv auf die sozialen Beziehungen einwirken soll, müssen Kontext, Situation, Beziehungen und Rahmenbedingungen zueinander passen (Holmes, 2000, S. 159; Holmes & Marra, 2006, S. 134; Schwarz, 2015, S. 48, f.).

Ein „der Situation und dem Gegenüber entsprechender Humor, gepaart mit einer in Summe facettenreichen Persönlichkeit ist [...] ein Erfolgsrezept", konstatiert Sandro Scharlibbe, Geschäftsführer Sitzsysteme der Brose Fahrzeugteile GmbH & Co. KG (Persönliche Kommunikation, 13. Dezember 2017).

Tatsächlich kann zu exzessiv oder falsch eingesetzter Humor die Vertrauenswürdigkeit und Integrität des Anwenders in Frage stellen (Bressler & Balshine, 2006, S. 33).

Aggressiver Humor, der auf Kosten anderer geht, wirkt sich u.a. negativ auf Motivation, Arbeitsleistung und die sozialen Beziehungen aus und sollte vermieden werden (Mesmer-Magnus et al., 2012, S. 157; Pundt & Herrmann, 2015, S. 108, 117).

Dennoch wird Humor als Ressource derzeit nur von wenigen Vorreitern praktiziert. Yahoo, Kodak oder Southwest Airlines scheinen einen vielversprechenden Ansatz gefunden zu haben: Sie ermutigen ihre Mitarbeiter*innen dazu, Spaß zu haben und Humor in ihre Arbeit zu integrieren (Mesmer-Magnus et al., 2012, S. 175; Smith & Khojaseth, 2014, S. 71). Für die Implementierung von Humor in die Managementstrategie sprechen auch Zusammenhänge zwischen Führungskräftehumor und Führungseffektivität, Wohlbefinden und der Persönlichkeit (Gkorezis & Bellou, 2016, S. 887, f.; Pundt & Venz, 2017, S. 100; Ruch & Heintz, 2013, S. 6, f.).

Diese Arbeit soll Unternehmen ermutigen, Humor als erfolgreiches, einflussreiches und effektives Führungsinstrument (Schwarz, 2015, S. 1) zu begreifen und anzuwenden.

2.3.4 Humor und Geschlecht

Obwohl ein Großteil der Studien suggeriert, dass Männer und Frauen mit dem Thema Humor unterschiedlich umgehen, sind die bisherigen Ergebnisse widersprüchlich (Scheel & Gockel, 2017, S. 124).

So fanden Ruch et al. (1996) hinsichtlich der Merkmale Heiterkeit, Ernst und schlechte Laune keine geschlechtsspezifischen Unterschiede (S. 19).

Doch obwohl beide Geschlechter im Kindesalter noch gleichermaßen empfänglich für Humor sind, scheinen Herangehensweise und Präferenzen zu divergieren (McGhee, 1979, S. 211, ff.) und kulturbedingt zu variieren (Scheel & Gockel, 2017, S. 125, f.).

Schwarz (2015) führt an, dass es bisher noch keine konkreten Erkenntnisse gibt, die einen unterschiedlichen „Zugang zu den verschiedenen Formen des Komischen bei Mann und Frau" vermuten lassen, dass aber in Gruppenkonstellationen wie Führungssituationen relevante Unterschiede im Umgang mit Humor hervortreten (S. 116).

Provine (2004) wiederum fand heraus, dass Frauen in direkter Interaktion 126% mehr als ihr männliches Gegenüber lachten, wohingegen Männer eher darum bemüht waren, die „Lacher" zu bekommen (S. 216).

Bressler und Balshine (2006) begründeten dieses Verhalten evolutionär: Frauen zögen humorvolle Männer, aufgrund der unbewussten und instinktiven Annahme gesunder Gene, intelligenten Geschlechtspartnern vor (S. 36).

Auch wenn beide Geschlechter unbewusst davon auszugehen scheinen, dass Männer lustiger sind als Frauen, so schätzen Männer sich selbst humorvoller ein, als sie es tatsächlich sind (Mickes, Walker, Parris, Mankoff & Christenfeld, 2011, S. 108).

Übertragen auf den Arbeitskontext könnte dies bedeuten, dass männliche Führungskräfte humorvoller eingeschätzt werden und weibliche Angestellte den Führungskräftehumor höher bewerten.

Werden Frauen in Führungspositionen aber weniger humorvoll eingeschätzt, hieße das möglicherweise, dass ihnen Humor als Führungsinstrument bzw. Ressource nicht gleichermaßen zur Verfügung steht wie ihren Kollegen.

Wohl aber kann Humor für weibliche Führungskräfte, gerade in männlich dominierten Branchen, ein effektives Instrument sein, um als erfolgreiche und professionelle Führungskraft ernst genommen zu werden, aber auch um die eigene Geschlechtsidentität zu profilieren (Schnurr, 2008, S. 313).

2.4 Fragestellung und Hypothesen

Die vorliegende Arbeit setzt u.a. bei den Forschungsergebnissen von Pundt und Hermann (2015) sowie Robert et al. (2015) an. Die Forscher*innen konnten zwar nachweisen, dass sich sozialer Humor positiv auf die Beziehungsqualität zwischen Führungskraft und Mitarbeitenden auswirkt bzw. dass die positiven Effekte abhängig von der Vorgesetzten-Mitarbeiter*innen-Beziehung sind, allerdings nicht, ob und inwiefern sich Führungskräftehumor auf das Stressempfinden auswirkt, das sozialen Beziehungen potentiell innewohnt.

Die beiden zu diesem Zweck zusammengeführten Fragebögen – der „STHI-T<60>f" (Ruch et al. 1995) und „Soziale Stressoren am Arbeitsplatz – Kurzform" (Frese et al., 2014) – wurden bisher noch nicht miteinander kombiniert. Ob Vorgesetztenhumor sich positiv auf beziehungsbedingten Stress am Arbeitsplatz auswirkt, ist also eine neue Perspektive und wurde so noch nicht untersucht.

Besondere Bedeutung kommt, im Zuge der Diskussion um Frauenquoten und der kontinuierlich steigenden Anzahl weiblicher Vorgesetzter, der Frage zu, ob das Geschlecht die Wahrnehmung von Führungshumor beeinflusst. Aufgrund der mehrheitlichen Befunde die für einen geschlechtsspezifischen Unterschied plädieren, soll dieser Aspekt erneut untersucht werden.

Die Forschungsfrage, die sich aus den dargestellten Erkenntnissen und empirischen Belegen ergibt, lautet also:

Inwieweit kann eine humorvolle Führungskraft das beziehungsbezogene Stresserleben der Mitarbeiter*innen positiv beeinflussen und welche Rolle spielt das Geschlecht bei der Wahrnehmung von Führungshumor?

Zur Beantwortung dieser Frage wurden drei Hypothesen formuliert, die nachfolgend getestet werden:

Hypothese H1: Je humorvoller Mitarbeiter*innen ihre Führungskraft einschätzen, desto weniger Stress verursacht die Beziehung zu dieser Führungskraft und den Kolleg*innen.

Hypothese $H0_1$: Der Führungskräftehumor hat keinen Einfluss auf die sozialen Stressoren der Mitarbeiter*innen

Hypothese H2: Mitarbeiterinnen schätzen ihre Führungskraft humorvoller ein.

Hypothese H0$_2$: Mitarbeiterinnen schätzen ihre Führungskraft genauso humorvoll ein wie ihre männlichen Kollegen.

Hypothese H3: Männliche Führungskräfte werden von ihren Mitarbeiter*innen humorvoller eingeschätzt.

Hypothese H0$_3$: Weibliche Führungskräfte werden von ihren Mitarbeiter*innen genauso humorvoll eingeschätzt wie ihre männlichen Kollegen.

3 Methode

In diesem Kapitel werden erst die Stichprobe und die Messinstrumente erläutert, bevor abschließend die Durchführung der Datenerhebung dargestellt wird.

3.1 Stichprobe

Die Stichprobe umfasste 226 Personen. Es handelt sich um eine Gelegenheitsstichprobe, da nicht die gesamte Population aller Mitarbeiter*innen in Deutschland gleichermaßen die Gelegenheit hatte auf diesen Fragebogen zuzugreifen. Die statistischen Merkmale der Teilnehmer setzen sich wie folgt zusammen (Tab. B.1.):

Der Anteil der Mitarbeiterinnen lag mit $N=129$ bei 57,1%, während männliche Probanden mit $N=97$ einen Anteil von 42,9% ausmachten. Die bewerteten Führungskräfte waren mit $N=88$ zu 38,9% weiblich und mit $N=138$ zu 61,1% männlich.

Das Alter der Mitarbeiter*innen lag zu 45,1% zwischen 30 und 39 Jahren, gefolgt von der Altersgruppe der 18- bis 29-jährigen, während die Führungskräfte mit 33,6% zwar den größten Anteil bei den 40- bis 49-jährigen stellten, die beiden angrenzenden Altersgruppen (30-39 und 50-59 Jahre) allerdings mit jeweils 28,3% nahe beieinanderlagen.

41,2% ($N=93$) der Teilnehmer*innen waren weniger als 2 Jahre für ihre derzeitige Führungskraft, aber nur 34,5% ($N=78$) waren weniger als 2 Jahre in ihrem derzeitigen Team tätig.

Genauso viele Mitarbeiter*innen arbeiteten zwischen 2 und 5 Jahren in ihrem Team, während 33,6% ($N=76$) zwischen 2 und 5 Jahre für ihre Führungskraft tätig waren.

Zwischen 6 und 10 Jahre waren 44 Proband*innen für ihre Führungskraft (19,5%) bzw. 52 Teilnehmer*innen in ihrem Team (23%) tätig. Die übrigen Teilnehmer*innen arbeiteten bereits mindestens 11 Jahre für ihre/n Vorgesetzte/n bzw. in ihrer Arbeitsgruppe.

Die Mitarbeiter*innen wurden außerdem gebeten die Branche anzugeben, in der sie tätig sind. Die Angaben wurden zu 18 Kategorien (inkl. Enthaltungen) zusammengefasst. Wie in Abbildung 5 dargestellt, bildeten Beschäftigte aus der Automobilbranche und dem Finanz-/Versicherungs- und Rechtswesen mit jeweils

N=25 Teilnehmer*innen (zusammen 22,1%) den größten Anteil, dicht gefolgt vom Handel mit *N*=22 (9,7%) und dem Gesundheitswesen mit *N*=17 (7,5%).

Durch eine systemtechnische Voreinstellung war es den Proband*innen nur möglich den Fragebogen zu beenden, wenn alle Items vollständig beantwortet wurden, wobei eine fehlende Angabe der Variable Branche nicht zum Ausschluss von Fällen führte, da diese nicht wesentlich für die Beantwortung der Forschungsfrage war. Diese Variable diente lediglich der Überprüfung einer ausgeglichenen Branchenverteilung.

Ausreißer wurden nicht ausgeschlossen, da aufgrund des Skalierungsmodells auch eine hohe Anzahl von Extremwerten als durchaus realistische Einschätzung bewertet werden kann.

3.2 Messinstrumente

Die Daten wurden mithilfe des im Anhang A dargestellten Online-Fragebogens erhoben, in dem Items des „STHI-T<60>fremd" (Ruch et al., 1995) – zur Messung der Facetten Heiterkeit und schlechte Laune als Persönlichkeitseigenschaften der Führungskraft– und die Items des Fragebogens „Soziale Stressoren am Arbeitsplatz – Kurzform" (Frese et al., 2014, S. 2) – zur Messung der Variable soziale Stressoren – zusammengeführt wurden.

Der Humor der Führungskraft sollte nur von den Mitarbeiter*innen eingeschätzt werden. Ebenso sollten die Mitarbeiter*innen beurteilen, inwiefern soziale Stressoren an ihrem Arbeitsplatz existieren.

3.2.1 Messung der sozialen Stressoren

Der Teil des Fragebogens der die sozialen Stressoren erfasst, beinhaltet 10 Items, die mithilfe einer vierstufigen Likert-Skala („trifft nicht zu" (1), „trifft wenig zu" (2), „trifft ziemlich zu" (3) und „trifft zu" (4)) gemessen wurden. Die Items stellen unterschiedliche Stresssituationen in der Beziehung mit der/m Vorgesetzten und/oder den Kolleg*innen dar (z. B. „Einige Kollegen sind unangenehme Mitarbeiter" oder „Mein Vorgesetzter spielt die Kollegen gegeneinander aus"), so dass eine hohe Punktzahl gleichbedeutend ist mit hohem sozialem Stress.

Der Reliabilitätskoeffizient (Cronbachs α) der Kurzform des Fragebogens ist mit .86 als hoch einzustufen (Frese et al., 2014, S. 5). Ferner gibt es Hinweise auf Kriteriumsvalidität, da Messungen der Autoren mit anderen, externen konstruktvaliden Kriterien überwiegend hoch korrelierten (Frese et al., 2014, S. 1, 7, f.).

Da das Kriterium der Objektivität ebenfalls gewährleistet ist, können die Gütekriterien dieses Messinstrumentes als erfüllt betrachtet werden.

3.2.2 Messung des Humors der Führungskraft

Der ursprüngliche Fragebogen zur Messung von Führungskräftehumor, das STHI-T<60>fremd (State-Trait Heiterkeits-Inventar), misst den Humor einer Führungskraft als Eigenschaft (*trait*). Mit 60 Fragen werden die drei Konstrukte Heiterkeit, schlechte Laune und Ernst in Form von Fremdeinschätzung der Mitarbeiter*innen erfasst (Ruch et al., 1995).

Die Trait-Variante wurde hier der State-Version des STHI vorgezogen, weil der Humor der Führungskraft als stabiles und überdauerndes Persönlichkeitsmerkmal – nicht der veränderliche, situative Zustand – eingeschätzt werden soll (Ruch et al., 1996, S. 3). Zudem wird nicht der Sinn für Humor direkt gemessen, sondern vielmehr die emotionalen und kognitiven Grundvoraussetzungen, die einen dauerhaften, positiven Sinn für Humor erst ermöglichen (Ruch et al., 1996, S. 11).

In dem Fragebogen zur Datenerhebung mittels Online-Umfrage werden nur die Items der Konstrukte Heiterkeit und schlechte Laune übernommen, um die Rücklaufquote durch eine geringere Anzahl von Items zu erhöhen. Gegen das Konstrukt Ernst wurde sich u.a. deshalb entschieden, weil es die logische Opposition zum Trait Heiterkeit bildet und neben der schlechten Laune bereits das zweite Negativ-Konstrukt im Fragebogen gebildet hätte (Ruch et al., 1996, S. 9). Außerdem stellt sich die Frage inwieweit die damals gewonnenen Erkenntnisse, dass Menschen mit ca. 40 Jahren ernster werden (Ruch et al., 1996, S. 19, f.), auf die heute 40-jährigen, die mittlerweile einer ganz anderen Generation angehören (vgl. von Velasco, 2017, S. 185), anwendbar sind. Zudem hat das Konstrukt Ernst die geringsten Reliabilitätswerte (Ruch & Zweyer, 2001, S. 15).

Die beiden verbliebenen Konstrukte fließen mit jeweils 20 Items in den Online-Fragebogen ein. Auch hier wird eine vierstufige, verbale Ratingskala in aufsteigender Wertigkeit von „trifft gar nicht zu" (1), „trifft eher nicht zu" (2) und „trifft etwas zu" (3) bis „trifft sehr zu" (4) verwendet (z.B. „Sie/Er ist ein fröhlicher Typ" oder „Sie/Er ist häufig niedergeschlagen") (Ruch et al., 1995, S. 1, ff.). Dies bedeutet bei hohen Werten für Heiterkeit, dass die Führungskraft von ihren Mitarbeiter*innen humorvoll eingeschätzt wurde, wohingegen hohe Werte für schlechte Laune einen weniger heiteren Charakter der Führungskraft bedeuten.

Cronbachs α liegt bei der Variable Heiterkeit bei .93, bei der Variable schlechte Laune sogar bei .94 und ist damit bei beiden Konstrukten hoch (Ruch & Zweyer, 2001, S. 15). Die Verfasser des STHI verweisen allerdings nicht nur auf die Reliabilität, sondern zudem auf die Validität ihrer Konstrukte (Ruch & Zweyer, 2001, S. 26). Unter Einbezug der Objektivität können auch hier die Gütekriterien als erfüllt betrachtet werden.

3.2.3 Kontrollvariablen

Zusätzlich zu den Items für soziale Stressoren, Heiterkeit und schlechte Laune wurde nach dem Geschlecht der Proband*innen und der Führungskräfte gefragt, wobei hier lediglich nach männlich und weiblich unterschieden wurde, es sich also um eine dichotome Auslegung der Variable handelt.

Das Alter wurde – ähnlich wie bei Ruch et al. (1996, S. 19) – in Intervalle unterteilt, die Kategorisierung allerdings neu gestaltet (1996 gab es keine „Millenials") und in die Generationen „Wirtschaftswunder" (60 Jahre und älter), „Babyboomer" (50-59), „Generation X" (40-49), „Xennials" (30-39), „Generation Y" (18-29) und „Generation Z" (jünger als 18) unterteilt (von Velasco, 2017, 184, ff.).

Neben der Branche, in der sie beschäftigt sind, sollten die Teilnehmenden noch die Dauer der Tätigkeit unter ihrer Führungskraft bzw. in ihrem Team angeben, da aktuelle Forschungsbefunde einen Zusammenhang zwischen positivem Humor und der Tätigkeitsdauer nahelegen (Robert et al., 2015, S. 376). Die Branchenangaben konnten frei eingegeben werden, während die Tätigkeitsdauer wieder in Intervalle unterteilt war (bis 2 Jahre, 2-5, 6-10, 11-15, 16 Jahre oder länger).

3.3 Durchführung

Der Fragebogen wurde auf www.soscisurvey.de erstellt. Der Link wurde in privaten und beruflichen Netzwerken verteilt.

Der Befragungszeitraum erstreckte sich über 38 Tage (11.01. – 17.02.2018). Die Proband*innen wurden über das Thema und den Zweck informiert. Eingangs wurde zudem erläutert, dass unter „sozialen Stressoren" der wahrgenommene Stress, der durch die Beziehungen zur Führungskraft und zu den Kolleg*innen verursacht wird, zu verstehen ist. Neben der Angabe der erwarteten Bearbeitungsdauer von ca. 10 Minuten wurde den Teilnehmer*innen ein anonymer Umgang mit den Daten zugesichert und darum gebeten, den Fragebogen vollständig und wahrheitsgemäß auszufüllen.

Um eine hohe Rücklaufquote zu gewährleisten, wurde nicht nur die Anzahl der Items reduziert, es wurde den Proband*innen zudem pro vollständig ausgefülltem Fragebogen eine Spende in Höhe von €0,50 an eine wohltätige Organisation (www.tabalugakinderstiftung.de) zugesichert. Der Betrag in Höhe von €113,- (da $N=226$) wurde am 21.02.2018 überwiesen (Anlage E).

4 Ergebnisse

Die Rohdaten wurden von www.soscisurvey.de nach Ablauf des Befragungszeitraums heruntergeladen und mit der Statistik-Software SPSS[1] ausgewertet. Nachfolgend werden nun die Ergebnisse der angewandten Datenanalyseverfahren präsentiert.

4.1 Deskriptive Daten

Die deskriptiven Daten der sozialen Stressoren der Mitarbeiter*innen (M=2,00, SD=0.57), des Führungskräftehumors[2] (M=2,89, SD=0.7) mit den Ausprägungen Heiterkeit (M=2,64, SD=0.76) und schlechte Laune (M=1,86, SD=0.73), des Geschlechts der Mitarbeiter*innen mit den Ausprägungen weiblich (N=129) und männlich (N=97), sowie des Geschlechts der Führungskraft, ebenfalls mit den Ausprägungen weiblich (N=88) und männlich (N=138) bilden die Basis für weitere Berechnungen (Tab. B.3.).

Zur Auswahl geeigneter Analyseverfahren ist u.a. eine Prüfung der Daten auf Normalverteilung notwendig. Dies kann aufgrund der Stichprobengröße (N=226) – basierend auf dem Zentralen Grenzwertsatz, der ab N=100 Normalverteilung unterstellt – angenommen werden (Sedlmeier & Renkewitz, 2013, S. 325).

4.2 Sozialer Stress und Humor

Um zu überprüfen, ob es einen Zusammenhang zwischen Führungskräftehumor und sozialen Stressoren gibt, wurde eine einseitige bivariate Korrelation angewendet. Aufgrund der bisherigen Forschungsergebnisse konnte bereits eine bestimmte Richtung der Zusammenhänge vermutet werden und die Hypothese einseitig formuliert werden. Die Form der Punktewolke bzw. der Regressionsgeraden wies einen Verlauf von links oben (hohe Werte für sozialen Stress und niedrige Werte für Humor) nach rechts unten (niedrige Werte für sozialen Stress und hohe Werte für Humor) auf und unterstützte damit diese Annahme ebenfalls (Abb. B.2.).

Die sozialen Stressoren stellen in der Hypothese H1 die abhängige Variable (AV), der Führungskräftehumor – mit seinen Ausprägungen Heiterkeit und schlechte

---

[1] Statistical Package for the Social Sciences

[2] In den Auswertungen und Grafiken kurz als „Humor" bezeichnet

Laune – stellt die unabhängige Variable (UV) dar. Damit die beiden Ausprägungen der UV korrekt in eine UV Humor überführt werden konnten, wurden zuvor die Daten des Konstrukts schlechte Laune so umcodiert, dass im Grunde nicht die schlechte, sondern die gute Laune der Führungskraft dargestellt wurde.

Aufgrund der Intervallskalierung und der Normalverteilung der Daten können der Mittelwert *M*, und die Standardabweichung *SD* sinnvoll berechnet werden (Sedlmeier & Renkewitz, 2013, S. 192). Darauf aufbauend lassen sich die Daten in einem Streudiagramm visualisieren, um einen ersten Eindruck von der Verteilung zu bekommen und sich anschließend für einen geeigneten Korrelationskoeffizienten zu entscheiden (Sedlmeier & Renkewitz, 2013, S. 202, ff.).

4.2.1 Die Korrelationsanalyse

Zur Überprüfung der Zusammenhänge wurde aufgrund des in Abbildung 6 veranschaulichten Korrelationsmusters der Pearson-Korrelationskoeffizient als Bestimmtheitsmaß herangezogen.

Die in Tabelle 1. dargestellten Ergebnisse zeigen u.a. einen stark positiven Zusammenhang (vgl. Sedlmeier & Renkewitz, 2013, S. 213) für die AV soziale Stressoren und die Ausprägung der UV schlechte Laune ($r= .55, p< .01$).

Folglich stark negativ korreliert die AV mit dem Konstrukt Heiterkeit ($r= -.54, p< .01$) und sogar noch stärker mit der zusammengeführten UV Humor ($r= -.58, p< .01$).

Die Kontrollvariablen korrelieren nur vereinzelt bzw. überwiegend schwach signifikant miteinander (z.B. Tätigkeitsdauer unter der Führungskraft mit der Tätigkeitsdauer im Team, $r= .68, p< .01$).

Variable	Soziale Stressoren	Heiterkeit	Schlechte Laune	Humor	Alter MA	Alter FK	Tätigkeits dauer unter FK	Tätigkeits dauer im Team
Soziale Stressoren	-	-.54**	.55**	-.58**	.00	.15*	.05	-.05
Heiterkeit	-	-	-.76**	.94**	-.14*	-.15*	-.07	-.00
Schlechte Laune	-	-	-	-.93**	.14*	.08	.16**	.09
Humor	-	-	-	-	-.15*	-.13*	-.12*	-.05
Alter MA	-	-	-	-	-	-.05	.24**	.33**
Alter FK	-	-	-	-	-	-	.20**	.09
Tätigkeitsdauer unter FK	-	-	-	-	-	-	-	.68**
Tätigkeitsdauer im Team	-	-	-	-	-	-	-	-

Tabelle 1: Korrelationen der Variablen soziale Stressoren, Humor, Heiterkeit, schlechte Laune, Alter und Tätigkeitsdauer

Anmerkungen. N=226. *p< .05. **p< .01. Einseitige Korrelationen.

Weiterhin korrelieren die AV und die UV (mit ihren Ausprägungen) gar nicht oder nur schwach signifikant mit den Kontrollvariablen Alter und Tätigkeitsdauer. So korrelieren sowohl das Alter der Mitarbeiter*innen als auch das Alter der Führungskraft bei $p< .05$ schwach negativ mit Humor ($r= -.15$ bzw. $r= -.13$) und Heiterkeit ($r= -.14$ bzw. $r= -.15$). Indes zeigt sich lediglich für das Alter der Führungskraft ein schwach positiver Zusammenhang mit sozialen Stressoren

($r= .15$) und nur das Alter der Mitarbeiter*innen korreliert schwach positiv mit schlechter Laune ($r= .14$).

Ebenfalls ein schwach signifikanter Zusammenhang wurde zwischen der Tätigkeitsdauer unter der Führungskraft und dem Humor ($r= -.12$, $p< .05$) bzw. der schlechten Laune ($r= .16$, $p< .01$) gefunden.

4.2.2 Die Regressionsanalyse

Die Regressionsanalyse soll nun prüfen, ob die UV Humor die AV soziale Stressoren vorhersagen kann, also ob die Korrelationen auch einen deterministischen Zusammenhang haben. Die UV Humor wird daher zur Prädikator-Variable und die AV soziale Stressoren zur Kriteriums-Variable.

Die Punktewolke im Scatterplot-Diagramm deutet bereits für die Zusammenhänge zwischen der zusammenführten UV Humor und der AV soziale Stressoren einen linearen, monotonen Zusammenhang an (Abb. B.2.). Tatsächlich verläuft die übertragene Regressionsgerade von links oben nach rechts unten, was eine hohe Bewertung der sozialen Stressoren bei gleichzeitig niedrigen Werten für den Führungskräftehumor und überwiegend hohe Werte für den Humor der/s Vorgesetzten bei gleichzeitig niedriger Bewertung der sozialen Stressoren bedeutet. Dies stützt nochmals die bereits in der Hypothese H1 vermutete negative Korrelation, aber erst die Berechnung des Determinationskoeffizienten R^2 kann Aufschluss über einen ursächlichen Zusammenhang geben.

Für den Zusammenhang zwischen der Prädikator-Variable Führungskräftehumor und der Kriteriums-Variable soziale Stressoren zeigt das Regressionsmodell (Tab. B.2.) ein stark signifikantes R^2=.34 (α=3,35; β= -.47). Die Varianzaufklärung beträgt also 34%, was bedeutet, dass ca. 1/3 der sozialen Stressoren durch den Führungskräftehumor erklärt werden können. 66% der sozialen Stressoren werden durch andere Variablen beeinflusst und können durch dieses Modell nicht erklärt werden. Der Standardfehler des Führungskräftehumors liegt bei SE=.04, das heißt, der wahre Wert der Population schwankt nur innerhalb dieses Bereichs.

4.3 Geschlecht und Humor: Der t-Test

Um der Relevanz ressourcenbezogener Stressreduktion am Arbeitsplatz einerseits und der steigenden Anzahl weiblicher Führungskräfte und ihres Potentials andererseits gerecht zu werden, erfolgt die Betrachtung geschlechtsspezifischer Unterschiede beim wahrgenommenen Führungskräftehumor separat.

Hierzu wurde im Fragebogen nach dem Geschlecht der Führungskraft und der/s Mitarbeitenden gefragt, wobei das Geschlecht die beiden Dimensionen weiblich und männlich umfasst.

4.3.1 Geschlecht der Mitarbeiter*innen und Führungskräftehumor

Zunächst soll die zweite Hypothese überprüfen, ob Mitarbeiterinnen ihre Führungskraft (geschlechtsunabhängig) humorvoller wahrnehmen. Hierzu wurden die Teilnehmer*innen zunächst in zwei Gruppen unterteilt und die Mittelwerte für die Variable Humor von weiblichen und männlichen Mitarbeitenden verglichen.

Der t-Test für unabhängige Stichproben ergab allerdings keinen signifikanten Mittelwertunterschied ($t_{(224)}$=0,634, p=0,527) zwischen Mitarbeiterinnen (M=2,91, SD=0,687) und Mitarbeitern (M=2,85, SD=0,719) bei der Wahrnehmung von Führungskräftehumor (Tab. B.5). Die Alternativhypothese H2 kann also abgelehnt und die Nullhypothese angenommen werden.

Das Boxplot-Diagramm (Abb. B.3.) und die deskriptiven Daten (Tab. B.4.) verdeutlichen, dass auch die Mediane kaum Unterschiede aufweisen (3,03 bei Mitarbeiterinnen und 2,98 bei Mitarbeitern) und sowohl die Minimalwerte (1,18 bei Mitarbeiterinnen und 1,10 bei Mitarbeitern) als auch die Maximalwerte (4,00 bei Mitarbeiterinnen und 3,98 bei Mitarbeitern) nahezu identisch sind.

4.3.2 Geschlecht der Führungskraft und wahrgenommener Führungskräftehumor

Die dritte Hypothese soll – ebenfalls mit einem t-Test für unabhängige Stichproben – prüfen, ob Mitarbeiter*innen (geschlechtsunabhängig) männliche Führungskräfte humorvoller einschätzen.

Auch hier konnte, nach Aufteilung der bewerteten Führungskräfte in zwei Gruppen, kein signifikanter Mittelwertunterschied ($t_{(224)}$=0,833, p=0,406) zwischen weiblichen Führungskräften (M=2,94, SD=0,699) und männlichen Führungskräften (M=2,86, SD=0,701) festgestellt werden (Tab. B.7.), so dass in diesem Fall auch die Alternativhypothese (H3) abgelehnt und die Nullhypothese angenommen werden kann.

Hier liegt der Median bei weiblichen Führungskräften sogar geringfügig höher (3,04) als bei männlichen Führungskräften (2,98), aber auch die Minimalwerte (jeweils 1,10) sowie die Maximalwerte (4,00 bei weiblichen und 3,98 bei männlichen Führungskräften) gleichen sich nahezu wie das Boxplot-Diagramm (Abb. B.4.) veranschaulicht und die deskriptiven Daten (Tab. B.6.) verifizieren.

5 Diskussion

Die übergeordnete Forschungsfrage kann dahingehend beantwortet werden, dass zwar der Humor einer Führungskraft einen positiven Einfluss auf den sozialen Stress der Mitarbeitenden ausübt, dass aber die Wahrnehmung des Vorgesetztenhumors offensichtlich nicht vom Geschlecht abhängt. Von den drei Hypothesen wurde also nur eine bestätigt, während zwei verworfen wurden – was jeweils ein positives Signal für die Praxis bedeutet.

Die Korrelationsanalyse konnte zwischen Führungskräftehumor und sozialem Stress bzw. Heiterkeit und sozialem Stress einen stark negativen Zusammenhang (r= -.58 bzw. r= -.54) und zwischen schlechter Laune und sozialem Stress einen stark positiven Zusammenhang (r= .55) feststellen. Ein dahingehender Einfluss konnte aufgrund ähnlicher Studien, die sich mit unterschiedlichsten Konstrukten und Auswirkungen positivem Führungsverhaltens und Humors beschäftigten, bereits vermutet werden (Franke & Felfe, 2011, S. 4; Gregersen et al., 2011, S. 6; Kuiper, 2012, S. 486, f.; Pundt & Venz, 2016, S. 322; Ruch & Zweyer, 2001, S. 25; Skakon et al., 2010, S. 131, f.). Je humorvoller die Führungskraft also ist, umso stressfreier empfinden Mitarbeiter*innen die Beziehungen zu Kolleg*innen und Vorgesetzter/m.

Allerdings haben die Ergebnisse der Regressionsanalyse gezeigt, dass die sozialen Stressoren bei weitem nicht nur durch den Führungskräftehumor erklärt werden können: Da die Varianzaufklärung nur bei 34% lag, kann davon ausgegangen werden, dass sozialer Stress zu 2/3 durch andere Variablen als Führungskräftehumor beeinflusst wird. Dies deckt sich mit den Forschungserkenntnissen über die Komplexität des Zusammenwirkens von Stressoren und verdeutlicht den Forschungsbedarf, der im arbeitspsychologischen Kontext noch besteht (Semmer & Udris, 2007, S. 175, 179).

Aber auch die Betrachtung einer Symbiose unterschiedlicher Ressourcen mit Führungskräftehumor kann zu nützlichen Erkenntnissen für die Praxis führen. Um sozialen Stress am Arbeitsplatz einzudämmen sollte auch hinterfragt werden, ob die bereits implementierten Ressourcen vollständig bzw. korrekt angewandt werden und ob es noch mehr Ressourcen gibt, die im Arbeitskontext präventiv eingesetzt werden könnten.

Weiteren Forschungsbedarf suggerieren zudem die schwach signifikanten Zusammenhänge zwischen dem Alter der Führungskraft bzw. des/r Mitarbeiters/in und den Variablen Heiterkeit, schlechte Laune und Humor. Eine detailliertere Gestaltung des Messinstruments und die Fokussierung der Thematik in Form einer entsprechenden Hypothese oder Forschungsfrage, könnten – gerade in Hinblick auf den demographischen Wandel und den Generationswechsel in den Führungsetagen – zu aufschlussreichen Einblicken führen.

Die Ergebnisse der Untersuchung der zweiten und dritten Hypothese decken sich hingegen nicht mit den Studien, die einen Geschlechtsunterschied im Umgang mit Humor identifizierten (vgl. Bressler & Balshine, 2006, S. 36; McGhee, 1979, S. 211, ff.; Provine, 2004, S. 126). Weder spielte das Geschlecht der Mitarbeiter*innen eine Rolle bei der Wahrnehmung von Führungshumor, noch wurden männliche Führungskräfte humorvoller eingeschätzt. Dies entspricht den Erkenntnissen von Ruch et al. (1996, S. 19).

Der Grund für die inkonsistenten Ergebnisse könnte auf die unterschiedliche Definition und Messung von Humor sowie auf den Kontext zurückzuführen sein. So beobachtete Provine (2004) Interaktionen zwischen Männern und Frauen in ihrer Freizeit und interpretierte u.a. die Anzahl von Lachern (S. 216), während Bressler und Balshine (2006) ein sexuelles Motiv unterstellten, das sie evolutionär begründeten (S. 36).

In dieser Studie, wie auch in der Arbeit von Ruch et al. (1996), ist allerdings der Arbeitskontext vordergründig und die Betroffenen konnten die Wirkung unterschiedlicher Facetten von Humor selbst bewerten.

Die vorliegenden Ergebnisse lassen den Schluss zu, dass weibliche Führungskräfte Humor genauso und mit der gleichen Wirkung als Ressource und Führungsinstrument einsetzen können, wie ihre männlichen Kollegen. Das Verwerfen der beiden geschlechtsbezogenen Hypothesen ist also positiv zu bewerten, weil das Potential von Humor in Führungssituationen offenbart wird und als Handlungsempfehlung für die Praxis aufgenommen werden kann.

Weitererführende Forschungen könnten geschlechtsspezifische Unterschiede bei der Wahrnehmung, der Entstehung und dem Umgang mit sozialem Stress beleuchten, oder wie weibliche Vorgesetzte sich zu intensiverer Nutzung von Humor animieren können. Nicht nur einen Forschungs- sondern vielmehr einen Umsetzungsbedarf gibt es bezüglich der Entwicklung und des Einsatzes von Frauen als Führungskräfte. Die vorliegende Arbeit kann aufgrund der positiven Erkenntnisse als Impulsgeber und Argumentationsgrundlage fungieren.

Doch so positiv sich der stressreduzierende Einfluss von Führungshumor auch darstellt, es sollte auch beachtet werden, dass in dieser Arbeit nicht der situative

Humor, wie beispielsweise witzige Anmerkungen in einem Teammeeting, sondern eine überdauernde, heitere Einstellung gemessen wurde (vgl. Ruch, et al., 1996, S. 11). Ob und inwiefern das Ausklammern des Konstrukts Ernst aus dem Originalfragebogen zur Erfassung des Führungshumors oder das Skalierungsmodell des Fragebogens zur Messung der sozialen Stressoren, das Frese et al. (2014) selbst als eindimensional bezeichneten (S. 4) und das ja dem Skalierungsmodell des STHI entspricht, die Ergebnisse verzerrt haben, kann an dieser Stelle nicht beantwortet werden. Auch die Trennschärfe des zweitgenannten Fragebogens hinsichtlich der Bezugsperson – also Führungskraft oder Kolleg*in – muss hinterfragt werden, da aktuelle Studien eine Differenzierung der Konfliktparteien als relevant erachten (vgl. BAuA, 2016, S. 86).

Interessant für die Praxis ist ebenfalls, wie ein heiteres Gemüt bei Führungskräften gewährleistet werden kann. In Einstellungsinterviews dürfte es schwierig werden, State-Heitere von Trait-Heiteren zu unterscheiden. So denn die Führungskraft offen für die Inhalte von Humortrainings oder ähnlichen Fortbildungen ist, kann hier zumindest ein situativer, positiver Humor geschult werden. Um einen dauerhaft heiteren Zustand bei den Teilnehmer*innen solcher Trainings zu erreichen, müsste an den persönlichen Stressbewältigungsstrategien angesetzt werden und die Führungskraft sukzessive zur Anwendung eines problembezogenen Coping-Stils motiviert werden. Die dadurch entstehende Ausgeglichenheit ist sicherlich eine von vielen Voraussetzungen für langfristige Heiterkeit.

Fraglich allerdings ist, ob ein überdauerndes, heiteres Gemüt im Unternehmenskontext zur Reduzierung der sozialen Stressoren bei den Mitarbeiter*innen zwingend erforderlich ist, da die Interaktion mit den Mitarbeiter*innen durch bestimmte Situationen wie beispielsweise Teamrunden oder Zielvereinbarungsgespräche geprägt ist. Zudem mahnen Stimmen aus der Unternehmenspraxis, dass ständige gute Laune nicht authentisch ist und unseriös wirken kann (S. Scharlibbe, persönliche Kommunikation, 13. Dezember 2017).

Für den Einsatz eines eher situativ geprägten Humors sprechen auch die inkonsistenten Ergebnisse der bisherigen Humorforschung. So gibt es nicht nur Belege für positive Auswirkungen, sondern auch Befunde, die darauf hindeuten, dass humorvolle Menschen zwar eher als sozial, dafür aber als weniger intelligent und weniger vertrauenswürdig betrachtet werden (Bressler & Balshine, 2006, S. 29). Diese Indizien sprechen dafür, dass der Einsatz von situativem Humor für die Unternehmenspraxis möglicherweise ausreichend ist.

Um dies zu überprüfen, könnte die Datenerhebung mit der State-Version des STHI (Ruch et al., 1997) wiederholt werden. Eine Erweiterung der Evaluation auf die Selbsteinschätzung der Führungskräfte, sowie eine größere Diversifikation der Branchen könnte zusätzlich ein aussagekräftigeres Gesamtbild generieren.

In jedem Fall aber ist es sinnvoll, einerseits den Stichprobenumfang, der in der vorliegenden Studie 226 Teilnehmer*innen umfasste, zu vergrößern und andererseits die Repräsentativität durch die Stichprobenart (z.B. eine Zufallsstichprobe) zu erhöhen. Zwar gibt die vorliegende Gelegenheitsstichprobe einen ersten guten Einblick, dennoch ist fraglich inwiefern sich diese Art der Stichprobe auf die Population verallgemeinern lässt.

Doch welche Art positiven Humors nun final auch umgesetzt werden soll, es handelt sich stets um eine Verhaltensänderung und kann bei bereits angestellten Führungskräften, vor allem wenn sie sich der Thematik gegenüber aufgrund ihrer Normen, Erziehung oder Erfahrungswerte verschließen, eine langwierige oder mangelhafte Umsetzung nach sich ziehen. Daher sollten Unternehmen bereits bei der Personalauswahl ansetzen und ihre Interviewleitfäden entsprechend gestalten. Die Implementierung von Humor – falls dies überhaupt in Frage kommt – kann sich außerdem, je nach Organisation, unterschiedlich anspruchsvoll oder komplex gestalten (z.B. Krankenhäuser, Bundeswehr, usw.).

Je nach Auslegung des Konstrukts und der Veränderungsbereitschaft des Unternehmens kann Humor entweder als Einzelkomponente in einen etablierten, mitarbeiterorientierten Führungsstil eingebettet werden, was aber eine relativ enge Definition und Fixierung des Humorbegriffes voraussetzt. Oder aber humorvolle Führung wird als eigenständiges Konzept, ähnlich dem LMX oder dem transformationalen Führungsstil, eingesetzt. Da humorvolle Führung als Konzept jedoch bisher vernachlässigt wurde, fand Humor in Führungssituationen bislang eher intuitive als systematische Anwendung. Es fehlt also eine konkrete Ausarbeitung. Diese kann beispielsweise eine Anreicherung des Konzepts mit bewährten Ressourcen wie sozialer Unterstützung oder Wertschätzung (vgl. Gregersen et al., 2010, S. 6) vorsehen, da einerseits die Ergebnisse der Datenanalyse darauf hinweisen, dass sozialer Stress auch stark von anderen Variablen beeinflusst wird und, weil andererseits nach wie vor auch arbeitsorganisatorische Stressoren eine Rolle für das Wohlbefinden der Mitarbeiter*innen spielen. Das Thema ist ausreichend komplex und kann v.a. durch eine bessere Kooperation von Forschung und Praxis an Bedeutung gewinnen.

Bei der Interpretation der Ergebnisse der Humorforschung und der Umsetzung in die Unternehmenspraxis sollte beachtet werden, dass es unterschiedliche Abgrenzungen und Definitionen von Humor gibt, die mit ein Grund für die teils inkonsistenten Befunde sein könnten.

Nichtsdestotrotz zeigt die vorliegende Arbeit einen klaren Zusammenhang zwischen einer heiteren Führungskraft und dem durch Beziehungen verursachten Stress bei ihren Mitarbeiter*innen. Diese Erkenntnisse sind neu, weil sie speziell die sozialen Stressoren am Arbeitsplatz fokussieren, sie in Kontext zu der heiteren Grundeinstellung der Führungskraft betrachten und weiterführenden Forschungsbedarf aufdeckten:

Der Begriff des Humors ist noch zu uneinheitlich definiert – Diese Arbeit definiert einen Aspekt, auf dem die Forschung weiter aufbauen kann.

Humorvolle Führung muss als eigenständiges Konzept erst noch entwickelt werden – In dieser Arbeit werden die Argumente, Elemente und die Rahmenbedingungen dafür aufgezeigt.

Soziale Stressoren bedingen psychische Krankheiten – Diese Arbeit zeigt, dass Führungshumor alleine zur Prävention und Reduzierung sozialen Stresses nicht ausreicht und eine intensivere Zusammenarbeit zwischen Theorie und Praxis nötig ist, um den richtigen Einsatz von Ressourcen zu gewährleisten, vorhandene Ressourcen effektiv zu kombinieren und neue Ressourcen aufzudecken.

Zudem werden bisherige Befunde untermauert, die beispielsweise der Beziehung zwischen Führungskraft und Mitarbeiter*in einen moderierenden Effekt zwischen Führungshumor und Arbeitszufriedenheit nachweisen (Robert et al., 2015, S. 375, f.). Da weiterhin die Befunde von Ruch et al. (1996, S. 19) repliziert und keine signifikanten, geschlechtsspezifischen Unterschiede festgestellt werden konnten, kann diese Studie als Grundlage für die Ausgestaltung eines Leitfadens für Führungskräfte, gleich welchen Geschlechts, sein bzw. als Basis für die Formulierung eines neuen Führungsleitbildes dienen und die Entwicklung der führungsverantwortlichen Manager*innen vorangetrieben werden. Es sollte im Interesse eines jeden Unternehmens sein, erwiesenermaßen wirksame Ressourcen zur Verfügung zu stellen, um ihre Mitarbeiter*innen zu schützen und damit das eigene Überleben zu sichern.

Literaturverzeichnis

Arendt, L. (2009). Transformational leadership and follower creativity: The moderating effect of leader humor. *Review of Business Research, 9,* p. 100-106.

Bamberg, E. & Fahlbruch, B. (2007). Gesundheit und Sicherheit. In H. Schuler (Hrsg.), *Lehrbuch Organisationspsychologie* (4. Auflage, S. 617-639). Bern: Huber.

Beermann, U. & Ruch, W. (2009). How virtuous is humor? What we can learn from current instruments. *Journal of Positive Psychology, 4,* p. 528-539.

Bennett, H. J. (2003). Humor in medicine. *Southern Medical Journal, 96*(12), p. 1257-1261.

Blickle, G. (2007). Zur Ethik der Arbeit in Organisationen. In H. Schuler (Hrsg.), *Lehrbuch Organisationspsychologie* (4. Auflage, S. 143-154). Bern: Springer.

Bressler, E. & Balshine, S. (2006). The Influence of Humor on Desirability. *Evolution and Human Behavior*(27), p. 29-39.

Bührmann, A. D., Diezinger, A. & Metz-Göckel, S. (2014). *Arbeit – Sozialisation – Sexualität: Zentrale Felder der Frauen- und Geschlechterforschung* (3. Auflage). Wiesbaden: Springer. doi:10.1007/978-3-531-19504-9

Bundesanstalt für Arbeitsschutz und Arbeitsmedizin (2016). *Psychische Gesundheit in der Arbeitswelt: Soziale Beziehungen.* Abgerufen am 30. Dezember 2017 von: https://www.baua.de/DE/Angebote/Publikationen/Berichte/F2353-2b.pdf?_blob=publicationFile&v=4

Bundesanstalt für Arbeitsschutz und Arbeitsmedizin (2017). *Volkswirtschaftliche Kosten durch Arbeitsunfähigkeit 2015.* Abgerufen am 02. Oktober 2017 von: https://www.baua.de/DE/Themen/Arbeitswelt-und-Arbeitsschutz-im-Wandel/Arbeitsweltberichterstattung/Kosten-der-AU/pdf/Kosten-2015.pdf?_blob=publicationFile&v=2

Damousi, J. & Tomsic, M. (2014). Conclusion: Gender and leadership. In J. Damousi, K. Rubenstein & M. Tomsic (Hrsg.), *Diversity in Leadership - Australian women, past and present* (p. 331-334). Canberra: ANU Press.

Ducki, A. (2015). Stress- und Ressourcenmanagement. In C. Busch, S. Roscher, A. Ducki, T. Kalytta & G. Liedtke (Hrsg.), *Stressmanagement für Teams in Service, Gewerbe und Produktion – Ein ressourcenorientiertes Trainingsmanual* (2. Auflage, S. 19-32). Heidelberg Dordrecht London New York: Springer. doi:10.1007/978-3-642-40859-5

Elprana, G., Hernandez, A. & Pundt, L. (2016). Frauen in Führungspositionen. In J. Felfe & R. van Dick (Hrsg.), *Handbuch Mitarbeiterführung: Wirtschaftspsychologisches Praxiswissen für Fach- und Führungskräfte* (S. 185-198). Berlin Heidelberg: Springer. doi:10.1007/978-3-642-55080-5_23

European Women on Boards (2016). *Frauenanteil in der Führungsspitze von Unternehmen in ausgewählten Ländern Europas im Jahr 2015.* Abgerufen am 10. Februar 2018 von: https://de.statista.com/statistik/daten/studie/214556/umfrage/frauenq uote-in-unternehmen-in-ausgewaehlten-laendern/

Felfe, J. (2015). Transformationale Führung: Neue Entwicklungen. In J. Felfe (Hrsg.), *Trends der psychologischen Führungsforschung* (S. 39-53). Göttingen: Hogrefe.

Franke, A. (2012). *Modelle von Gesundheit und Krankheit* (3. Auflage). Bern: Huber.

Franke, F. & Felfe, J. (2011). Diagnose gesundheitsförderlicher Führung - Das Instrument "Health-oriented Leadership". In B. Badura, A. Ducki, H. Schröder, J. Klose & K. Macco (Hrsg.), *Fehlzeiten-Report 2011: Führung und Gesundheit* (S. 3-13). Berlin Heidelberg: Springer.

Freimuth, J., & Freimuth, L. (2017). Klassiker der Organisationsforschung (24) - Fred Emery und Eric Trist. *Organisationsentwicklung, 17*(2), S. 94-99.

Frese, M., Greif, S. & Zapf, D. (2014). Soziale Stressoren am Arbeitsplatz. Zusammenstellung sozialwissenschaftlicher Items und Skalen. doi:10.6102/zis21

Freud, S. (1905). *Der Witz und seine Beziehung zum Unbewussten.* Leipzig Wien: Franz Deuticke.

Gkorezis, P. & Bellou, V. (2016). The relationship between leader self-deprecating humor and perceived effectiveness: Trust in leader as a mediator. *Leadership & Organization Development Journal, 37*(7), p. 882-898. doi:10.1108/LODJ-11-2014-0231

Goswami, A., Nair, P., Beehr, T. & Grossenbacher, M. (2016). The relationship of leaders' humor and employees' work engagement mediated by positive emotions: Moderating effect of leaders' transformational leadership style. *Leadership & Organization Development Journal, 37*(8), p. 1083-1099. doi:10.1108/LODJ-01-2015-0001

Graen, G. B. & Uhl-Bien, M. (1995). Relationship-Based Approach to Leadership: Development of Leader-Member Exchange (LMX) Theory of Leadership over 25 Years: Applying a Multi-Level Multi-Domain Perspective. *Leadership Quarterly, 6*(2), p. 219-247.

Gregersen, S., Kuhnert, S., Zimbert, A. & Nienhaus, A. (2010). Führungsverhalten und Gesundheit - Zum Stand der Forschung. *Das Gesundheitswesen, 73*(1), 3-12. doi:10.1055/s-0029-1246180

Hansot, E. (1986). Framing the Organization: Humour in the Workplace. *History of Political Thought, 7*(1), p. 187-203.

Holmes, J. (2000). Politeness, power and provocation: how humour functions in the workplace. *Discourse Studies, 2*(2), p. 159-185.

Holmes, J. & Marra, M. (2006). Humor and Leadership Styles. *Humor - International Journal of Humor Research*, p. 119-138. doi:10.1515/HUMOR.2006.006

Holst, E. & Friedrich, M. (2017). Führungskräfte-Monitor 2017: Update 1995-2015. In *Politikberatung kompakt 121.* Berlin: Deutsches Institut für Wirtschaftsforschung.

Hoption, C., Barling, J. & Turner, N. (2013). „It's not you, it's me": transformational leadership and self-deprecating humor. *Leadership & Organization Development Journal, 34*(1), p. 4-19. doi:10.1108/01437731311289947

Kaluza, G. (2012). *Gelassen und sicher im Stress* (4. Auflage). Berlin Heidelberg: Springer. doi:10.1007/978-3-642-28195-2

Kauffeld, S., Ianiro, P. M. & Sauer, N. C. (2014). Führung. In S. Kauffeld (Hrsg.), *Arbeits-, Organisations- und Personalpsychologie für Bachelor* (S. 71-98). Berlin Heidelberg: Springer. doi:10.1007/978-3-642-42065-8_5

Kuiper, N. A. (2012). Humor and Resiliency: Towards a Process Model of Coping and Growth. *Europe's Journal of Psychology, 8*(3), p. 475-491. doi:10.5964/ejop.v8i3.464

Kuiper, N. A. & Martin, R. A. (1993). Coping Humour, Stress, and Cognitive Appraisals. *Canadian Journal of Behavioural Science, 25*(1), p. 81-96. doi:10.1037/h0078791

Kunze, D., Ducki, A. & Brandt, M. (2016). Ressourcenstärkend führen: Ein Leitfaden für Kleinbetriebe. In J. Felfe & R. van Dick (Hrsg.), *Handbuch Mitarbeiterführung: Wirtschaftspsychologisches Praxiswissen für Fach- und Führungskräfte* (S. 169-182). Berlin Heidelberg: Springer. doi:10.1007/978-3-642-55080-5

Lazarus, R. S. & Launier, R. (1981). Streßbezogene Transaktionen zwischen Person und Umwelt. In J. R. Nitsch (Hrsg.), *Streß: Theorien, Untersuchungen, Maßnahmen* (S. 213–259). Bern: Huber.

Lies, J. (2016). *Kompakt-Lexikon PR.* Wiesbaden: Springer. doi:10.1007/978-3-658-08742-5

Marschall, J., Hildebrandt, S., Sydow, H. & Nolting, H.-D. (2017). Gesundheitsreport 2017 - Analyse der Arbeitsunfähigkeitsdaten. In A. Storm (Hrsg.), *Beiträge zur Gesundheitsökonomie und Versorgungsforschung* (Bd. 16). Heidelberg: Medhochzwei.

Martin, R. A. (2001). Humor, laughter, and physical health. Methodological issues and research findings. *Psychological Bulletin, 127*(4), p. 504-519. doi:10.1037/0033-2909.127.4.504

McGhee, P. E. (1979). *Humor: Its Origin and Development.* San Francisco: W. H. Freeman.

Mesmer-Magnus, J., Glew, D. J. & Viswesvaran, C. (2012). A meta-analysis of positive humor in the workplace. *Journal of Managerial Psychology, 27*(2), p. 155-190. doi:10.1108/02683941211199554

Meyer, M., Stallauke, M. & Weirauch, H. (2011). Krankheitsbedingte Fehlzeiten in der deutschen Wirtschaft im Jahr 2010. In B. Badura, A. Ducki, H. Schröder, J. Klose & K. Macco (Hrsg.), *Fehlzeiten-Report 2011: Führung und Gesundheit* (S. 223-384). Berlin Heidelberg: Springer.

Mickes, L., Walker, D. E., Parris, J. L., Mankoff, R. & Christenfeld, N. J. (2011). Who's funny: Gender stereotypes, humor production, and memory bias. *Psychonomic Bulletin & Review, 19*, p. 108-112. doi:10.3758/s13423-011-0161-2

Pangert, B. & Schüpbach, H. (2011). Arbeitsbedingungen und Gesundheit von Führungskräften auf mittlerer und unterer Hierarchieebene. In B. Bandura, A. Ducki, H. Schröder, J. Klose & K. Macco (Hrsg.), *Fehlzeiten-Report 2011: Führung und Gesundheit* (S. 71-80). Berlin Heidelberg: Springer.

Pietzcker, C. (2006). Siegmund Freud: Der Witz und seine Beziehung zum Unbewussten. In W. Mauser & J. Pfeiffer (Hrsg.), *Freiburger Literaturpsychologische Gespräche - Jahrbuch für Literatur und Psychoanalyse: Lachen* (Bd. 25, S. 19-28). Würzburg: Könighausen & Neumann.

Provine, R. R. (2004). Laughing, Tickling, and the Evolution of Speech and Self. *American Psychological Society, 13*(6), p. 215-218.

Pundt, A. & Herrmann, F. (2015). Affiliative and aggressive humour in leadership and their relationship to leader-member exchange. *Journal of Occupational and Organizational Psychology, 88*, p. 108-125.

Pundt, A. & Venz, L. (2016). Emotional intelligent führen - Emotionen im Führungsprozess erkennen, verstehen und steuern. In J. Felfe & R. van Dick (Hrsg.), *Handbuch Mitarbeiterführung: Wirtschaftspsychologisches Praxiswissen für Fach- und Führungskräfte* (S. 317-328). Berlin Heidelberg: Springer. doi:10.1007/978-3-642-55080-5_12

Pundt, A. & Venz, L. (2017). Personal need for structure as a boundary condition for humor in leadership. *Journal of Organizational Behavior, 38*, p. 87–107. doi:10.1002/job.2112

Rigotti, T. & Mohr, G. (2011). Gesundheit und Krankheit in der neuen Arbeitswelt. In E. Bamberg, A. Ducki & A.-M. Metz (Hrsg.), *Gesundheitsförderung und Gesundheitsmanagement in der Arbeitswelt* (S. 61-82). Göttingen: Hogrefe.

Robert, C., Dunne, T. C. & Iun, J. (2015). The Impact of Leader Humor on Subordinate Job Satisfaction: The Crucial Role of Leader-Subordinate Relationship Quality. *Group & Organization Management, 41*(3), p. 375-406. doi:10.1177/1059601115598719

Ruch, W. & Heintz, S. (2013). Humour styles, personality and psychological well-being: What's humour got to do with it? *European Journal of Humour Research, 1*(4), p. 1-24. doi:10.7592/EJHR2013.1.4.ruch

Ruch, W. & Zweyer, K. (2001). Heiterkeit und Humor. Ergebnisse der Forschung. In R. D. Hirsch, J. Bruder & H. Radebold (Hrsg.), *Heiterkeit und Humor im Alter. Schriftenreihe der Deutschen Gesellschaft für Gerontopsychiatrie und -psychotherapie* (Bd. 2, S. 9-43). Bornheim-Sechtem: Chudeck-Druck.

Ruch, W., Köhler, G. & van Thriel, C. (1995). *STHI-T<60>fremd, Standardtraitform für Fremdeinschätzung.* Abgerufen am 12. November 2017 von: Universität Zürich. Psychologisches Institut - Persönlichkeitspsychologie und Diagnostik. https://www.uzh.ch/cmsssl/psychologie/de/bereiche/sob/perspsy/fors chung/stci.html

Ruch, W., Köhler, G. & van Thriel, C. (1996). Assessing the "humorous temperament": Construction of the facet and standard trait forms of the State-Trait-Cheerfulness-Inventory - STCI. *Humor: International Journal of Humor Research, 9*(3-4), p. 303-339.

Ruch, W., Köhler, G. & van Thriel, C. (1997). To be in good or bad humour: Construction of the state form of the State-Trait-Cheerfulness-Inventory - STCI. *Personality and Individual Differences, 22*(4), p. 477-491. doi:10.1016/S0191-8869(96)00231-0

Saupe, G. & Korek, S. (2016). Führung und Gesundheit: Fünf kleine Schritte mit großer Wirkung. In J. Felfe, & R. van Dick (Hrsg.), *Handbuch Mitarbeiterführung: Wirtschaftspsychologisches Praxiswissen für Fach- und Führungskräfte* (S. 157-167). Berlin Heidelberg: Springer. doi:10.1007/978-3-642-55080-5_45

Scheel, T. & Gockel, C. (2017). *Humor at Work in Teams, Leadership, Negotiations, Learning and Health.* Cham: Springer. doi:10.1007/978-3-319-65691-5

Schermuly, C. (2016). Empowerment: Die Mitarbeiter stärken und entwickeln. In J. Felfe, & R. van Dick (Hrsg.), *Handbuch Mitarbeiterführung: Wirtschaftspsychologisches Praxiswissen für Fach- und Führungskräfte* (S. 15-26). Berlin Heidelberg: Springer. doi:10.1007/978-3-642-55080-5_25

Schnurr, S. (2008). Surviving in a Man's World with a Sense of Humour: An Analysis of Women Leaders' Use of Humour at Work. *Leadership, 4*(3), p. 299–319. doi:10.1177/1742715008092363

Schwarz, G. (2015). *Führen mit Humor - Ein gruppendynamisches Erfolgskonzept (3. Auflage).* Wiesbaden: Springer Gabler. doi:10.1007/978-3-658-09280-1

Sedlmeier, P. & Renkewitz, F. (2013). *Forschungsmethoden und Statistik für Psychologen und Sozialwissenschaftler* (2. Auflage). Hallbergmoos: Pearson.

Selye, H. (1981). Geschichte und Grundzüge des Streßkonzepts. In J. Nitsch (Hrsg.), *Streß: Theorien, Untersuchungen, Maßnahmen* (S. 163-187). Bern: Huber.

Semmer, N. (1984). *Streßbezogene Tätigkeitsanalyse.* Weinheim: Beltz.

Semmer, N. & Udris, I. (2007). Bedeutung und Wirkung von Arbeit. In H. Schuler (Hrsg.), *Lehrbuch der Organisationspsychologie* (4. Auflage, S. 157-196). Bern: Huber.

Skakon, J., Nielsen, K., Borg, V. & Guzman, J. (2010). Are leaders' well-being, behaviours and style associated with the affective well-being of their employees? A systematic review of three decades of research. *Work & Stress, 24*(2), p. 107-139. doi:10.1080/02678373.2010.495262

Smith, J. W. & Khojaseth, M. (2014). Use Of Humor In The Workplace. *International Journal of Management & Information Systems, 18*(1), p. 71-77.

Spieß, E. & Stadler, P. (2007). Gesundheitsförderliches Führen - Defizite erkennen und Fehlbelastungen der Mitarbeiter reduzieren. In A. Weber & G. Hörmann (Hrsg.), *Psychosoziale Gesundheit im Beruf* (S. 255-274). Stuttgart: Genter-Verlag.

Steiger, T. (2013). Das Rollenkonzept der Führung. In T. Steiger (Hrsg.), *Handbuch Angewandte Psychologie für Führungskräfte: Führungskompetenz und Führungswissen* (4. Auflage, S. 35-62). Berlin, Heidelberg: Springer. doi:10.1007/978-3-642-34357-5

Struhs-Wehr, K. (2017). *Betriebliches Gesundheitsmanagement und Führung - Gesundheitsoriente Führung als Erfolgsfaktor im BGM.* Wiesbaden: Springer Verlag. doi:10.1007/978-3-658-14266-7

Techniker Krankenkasse. (2016). *Verteilung von Stressfaktoren von Berufstätigen in Deutschland im Jahr 2016.* Abgerufen am 25. Dezember 2017 von: https://de.statista.com/statistik/daten/studie/648698/umfrage/verteilu ng-von-stressfaktoren-von-berufstaetigen-in-deutschland/

Vincent, S. (2011). Gesundheits- und entwicklungsförderliches Führungsverhalten: Ein Analyseinstrument. In B. Badura, A. Ducki, H. Schröder, J. Klose & K. Macco (Hrsg.), *Fehlzeiten-Report 2011: Führung und Gesundheit* (S. 49-60). Berlin Heidelberg: Springer Verlag.

von Velasco, C. (2017). Führen von und in verschiedenen Generationen. In C. von Au (Hrsg.), *Führung im Zeitalter von Veränderung und Diversity: Leadership und Angewandte Psychologie* (S. 177-194). Wiesbaden: Springer. doi:10.1007/978-3-658-14668-9_11

Watson, C. & Drew, V. (2017). Humour and laughter in meetings: Influence, decision-making and the emergence of leadership. *Discourse & Communication, 11*(3), p. 314–329. doi:10.1177/1750481317699432

Wegge, J. & von Rosenstiel, L. (2007). Führung. In H. Schuler (Hrsg.), *Lehrbuch Organisationspsychologie* (4. Auflage, S. 475-512). Bern: Huber.

Wilpert, B. (2007). Organisation und Umwelt. In H. Schuer (Hrsg.), *Lehrbuch Organisationspsychologie* (4. Auflage, S. 641-659). Bern: Huber.

Zapf, D. & Semmer, N. (2004). Stress und Gesundheit in Organisationen. In H. Schuler (Hrsg.), *Enzyklopädie der Psychologie, Themenbereich D, Serie III, Band 3 Organisationspsychologie* (2. Auflage, S. 1007-1112). Göttingen: Hogrefe.

Anhang

Anhang A: Fragebogen

1. Bitte geben Sie Ihr Alter an

jünger als 18

18-29

30-39

40-49

50-59

60-69

älter als 69

2. Bitte geben Sie das Alter Ihrer Führungskraft, also Ihres direkten Vorgesetzten, an. Falls Sie sich nicht sicher sind, tätigen Sie eine Schätzung

jünger als 18

18-29

30-39

40-49

50-59

60-69

älter als 69

Zuruck   Weiter

3. Bitte geben Sie Ihr eigenes Geschlecht an

weiblich

männlich

4. Bitte geben Sie das Geschlecht Ihrer Führungskraft an

weiblich

männlich

Zurück   Weiter

5. Wie lange sind Sie bereits für Ihre aktuelle Führungskraft tätig?

- ○ weniger als 2 Jahre
- ○ 2-5 Jahre
- ○ 6-10 Jahre
- ○ 11-15 Jahre
- ○ 16 Jahre oder länger

6. Wie lange arbeiten Sie bereits in Ihrem aktuellen Team?
Die Frage zielt darauf ab, dass ein Team auch eine neue Führungskraft bekommen kann, während die Kollegen dieselben bleiben.

- ○ weniger als 2 Jahre
- ○ 2-5 Jahre
- ○ 6-10 Jahre
- ○ 11-15 Jahre
- ○ 16 Jahre oder länger

7. In welcher Branche sind Sie tätig?

Zurück

Weiter

	Trifft nicht zu	Trifft wenig zu	Trifft ziemlich zu	Trifft zu

Einige Kollegen sind unangenehme Mitarbeiter

Hier wird man wegen jeder Kleinigkeit gleich fertig gemacht

Man muss mit unfreundlichen Leuten zusammen arbeiten

Mein Vorgesetzter treibt einen an

Mein Vorgesetzter spielt die Kollegen gegeneinander aus

Wenn ein Fehler passiert, findet der Vorgesetzte ihn immer bei uns, nie bei sich

Es gibt Schwierigkeiten bei der Abstimmung mit Kollegen

Es ist unklar, was die Vorgesetzten von einem wollen

Man muss ausbaden, was die anderen falsch machen

Der Vorgesetzte erschwert einem das Arbeiten durch seine Anweisungen

Zuruck

Weiter

9. Bitte markieren Sie nun, was am ehesten auf Ihre Führungskraft zutrifft

	Trifft gar nicht zu	Trifft eher nicht zu	Trifft etwas zu	Trifft sehr zu
Auch schwierige Situationen geht sie/er leichten Herzens an				
Ihr/Sein Alltag bietet ihr/ihm anscheinend oft Anlass zum Lachen				
Sie/Er lächelt häufig				
Die gute Laune anderer wirkt ansteckend auf sie/ihn				
Die kleinen Dinge des Alltags findet sie/er oft komisch und erheiternd				
Sie/Er geht unbeschwert durchs Leben				
Sie/Er ist oft in heiterer Stimmung				
Sie/Er ist ein fröhlicher Typ				
Es fällt ihr/ihm leicht, gute Laune zu verbreiten				
Sie/Er lacht gerne und viel				
Sie/Er unterhält ihre/seine Freunde gerne mit lustigen Geschichten				
Lachen wirkt auf sie/ihn sehr ansteckend				
Sie/Er ist ein lustiger Mensch				
Sie/Er scheint die Erfahrung gemacht zu haben, dass an dem Sprichwort „Lachen ist die beste Medizin" wirklich etwas dran ist				
Sie/Er ist ein heiterer Mensch				
Sie/Er ist leicht zum Lachen zu bringen				
Sie/Er nimmt die Dinge, wie sie kommen				
Sie/Er ist häufig in einer vergnügten Stimmung				
Sie/Er hat ein sonniges Gemüt				
Die kleinen Missgeschicke des Alltags findet sie/er oft amüsant, selbst wenn sie sie/ihn betreffen				

Zuruck   Weiter

Ihre/Seine Stimmung ist häufig nicht die beste

Ihr/Ihm scheint oft eher zum Weinen als zum Lachen zumute zu sein

Ihre/Seine Mitmenschen haben häufig einen Grund, sie/ihn zu fragen, ob ihr/ihm „eine Laus über die Leber gelaufen sei"

Das Leben scheint ihr/ihm wenig Grund zum Lachen zu geben

Es kann vorkommen, dass sie/er für längere Zeit in einer betrübten Stimmung ist

Es gibt Tage, an denen sie/er sich innerlich leer zu fühlen scheint

Sie/Er scheint oft in einer so trübsinnigen Stimmung zu sein, dass ihr/ihm wirklich nicht zum Lachen zumute ist

Manche verdrießliche Umstände können ihr/ihm die Laune für längere Zeit verderben

Auch ohne besonderen Anlass ist sie/er häufig verstimmt

Sie/Er ist ein eher trauriger Mensch

Es gibt häufig Tage, an denen der Spruch „Ich bin mit dem falschen Fuß aufgestanden" gut ihre/seine Gemütsverfassung beschreibt

Sie/Er hat oft schlechte Laune

Nach ihrer/seiner Auffassung geben ihr/ihm ihre/seine „lieben" Mitmenschen oft Anlass, verdrossen zu sein

Sie/Er scheint oft zu denken: „Mensch, lasst mich heute bloß in Ruhe!"

Beim Versuch, sie/ihn in heitere Stimmung zu versetzen, haben sich schon viele die Zähne ausgebissen

Sie/Er ist häufig in missmutiger Stimmung

Verglichen mit anderen kann sie/er ganz schön mürrisch und griesgrämig werden

Sie/Er scheint manchmal auch ohne Grund ganz traurig zu sein

Die Gegenwart anderer Menschen, die lustig und ausgelassen sind, kann ihr/ihm ganz schön auf die Nerven gehen

Sie/Er ist häufig niedergeschlagen

Zurück
Weiter

Anhang B: Ergebnisse der Datenanalyse

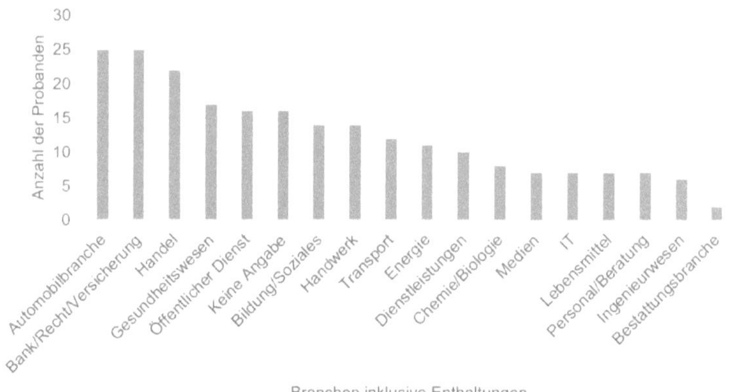

Abbildung 5: Branchenangaben der Teilnehmer*innen bei N=226

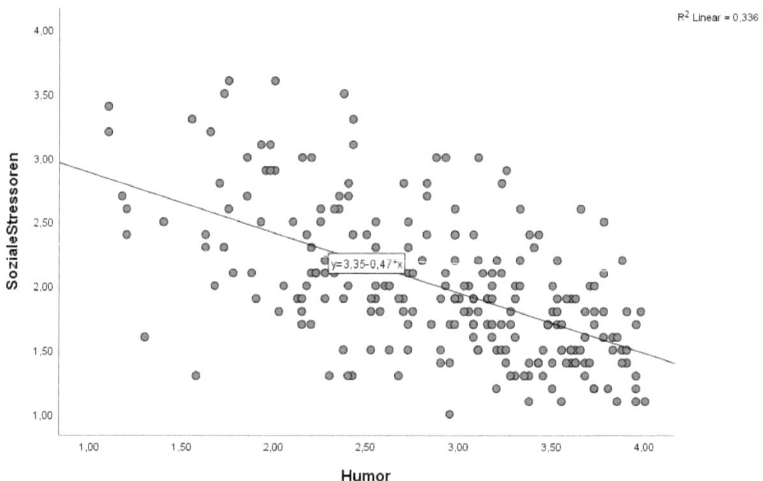

Abbildung 6: Scatterplot-Diagramm mit Regressionsgerade für die UV Humor und die AV soziale Stressoren

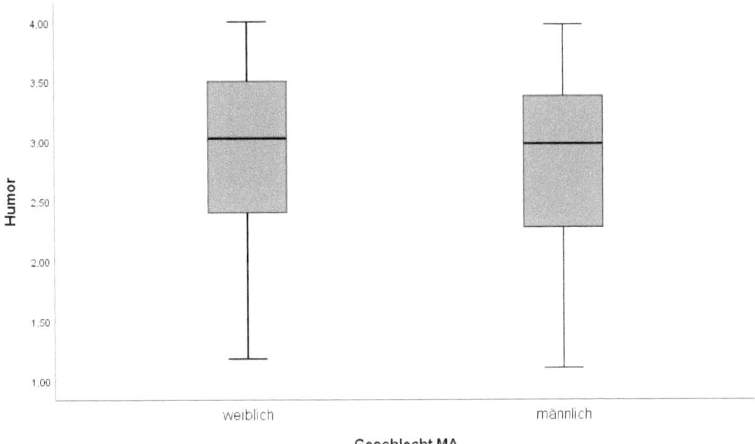

Abbildung 7: Boxplot-Diagramm nach Geschlecht der Mitarbeiter*innen hinsichtlich der Einschätzung des Humors ihrer/s Vorgesetzten

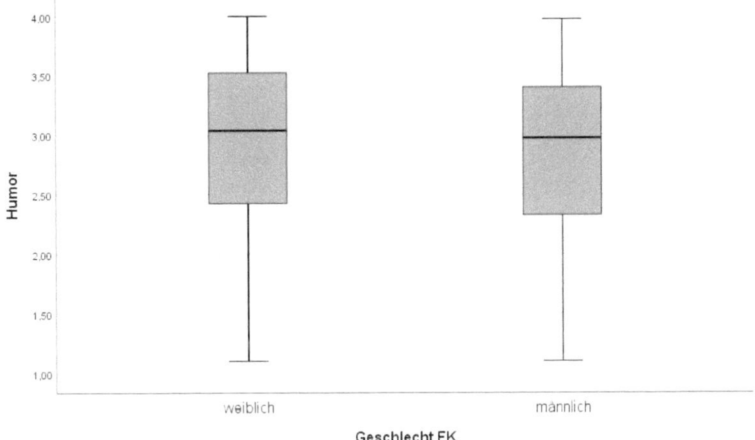

Abbildung 8: Boxplot-Diagramm nach Geschlecht der Führungskraft hinsichtlich der Einschätzung ihres Humors durch ihre Mitarbeiter*innen

Geschlecht MA

		Häufigkeit	Prozent	Gültige Prozente	Kumulierte Prozente
Gültig	weiblich	129	57,1	57,1	57,1
	männlich	97	42,9	42,9	100,0
	Gesamt	226	100,0	100,0	

Geschlecht FK

		Häufigkeit	Prozent	Gültige Prozente	Kumulierte Prozente
Gültig	weiblich	88	38,9	38,9	38,9
	männlich	138	61,1	61,1	100,0
	Gesamt	226	100,0	100,0	

Tätigkeitsdauer unter FK

		Häufigkeit	Prozent	Gültige Prozente	Kumulierte Prozente
Gültig	weniger als 2 Jahre	93	41,2	41,2	41,2
	2-5 Jahre	76	33,6	33,6	74,8
	6-10 Jahre	44	19,5	19,5	94,2
	11-15 Jahre	10	4,4	4,4	98,7
	16 Jahre oder länger	3	1,3	1,3	100,0
	Gesamt	226	100,0	100,0	

Tätigkeitsdauer im Team

		Häufigkeit	Prozent	Gültige Prozente	Kumulierte Prozente
Gültig	weniger als 2 Jahre	78	34,5	34,5	34,5
	2-5 Jahre	78	34,5	34,5	69,0
	6-10 Jahre	52	23,0	23,0	92,0
	11-15 Jahre	13	5,8	5,8	97,8
	16 Jahre oder länger	5	2,2	2,2	100,0
	Gesamt	226	100,0	100,0	

Alter MA

		Häufigkeit	Prozent	Gültige Prozente	Kumulierte Prozente
Gültig	18-29	83	36,7	36,7	36,7
	30-39	102	45,1	45,1	81,9
	40-49	24	10,6	10,6	92,5
	50-59	16	7,1	7,1	99,6
	60-69	1	4	,4	100,0
	Gesamt	226	100,0	100,0	

Alter FK

		Häufigkeit	Prozent	Gültige Prozente	Kumulierte Prozente
Gültig	18-29	8	3,5	3,5	3,5
	30-39	64	28,3	28,3	31,9
	40-49	76	33,6	33,6	65,5
	50-59	64	28,3	28,3	93,8
	60-69	14	6,2	6,2	100,0
	Gesamt	226	100,0	100,0	

Tabelle 2: Deskriptive Daten der Stichprobe bezogen auf das Geschlecht, die Tätigkeitsdauer und das Alter

Modellzusammenfassung (SozialeStressoren)

R	R-Quadrat	Korrigiertes R-Quadrat	Standardfehler des Schätzers
,58	,34	,33	,46

ANOVA (SozialeStressoren)

	Quadratsumme	df	Mittel der Quadrate	F	Sig.
Regression	24,32	1	24,32	113,12	,000
Residual	48,16	224	,21		
Gesamt	72,48	225			

Koeffizienten (SozialeStressoren)

	Unstandardisierte Koeffizienten		Standardisierte Koeffizienten		
	B	Standardfehler	Beta	t	Sig.
(Konstante)	3,35	,13	,00	25,55	,000
Humor	-,47	,04	-,58	-10,64	,000

Tabelle 3: Regressionsmodell der sozialen Stressoren und Humor

	N	Minimum	Maximum	Mittelwert	
	Statistik	Statistik	Statistik	Statistik	Std.-Fehler
Alter MA	226	2	6	2.89	,059
Alter FK	226	2	6	4.05	,065
Geschlecht MA	226	1	2	1.43	,033
Geschlecht FK	226	1	2	1.61	,033
Tätigkeitsdauer unter FK	226	1	5	1.91	,063
Tätigkeitsdauer im Team	226	1	5	2.07	,067
SozialeStressoren	226	1,00	3,60	1.9956	,03775
Heiterkeit	226	1,05	4,00	2.6352	,05084
SchlechteLaune	226	1,00	4,00	1.8608	,04858
GuteLaune	226	1,00	4,00	3.1392	,04858
Humor	226	1,10	4,00	2.8872	,04657

	Std.-Abweichung	Varianz
	Statistik	Statistik
Alter MA	.888	.789
Alter FK	.978	.957
Geschlecht MA	.496	.246
Geschlecht FK	.489	.239
Tätigkeitsdauer unter FK	.948	.899
Tätigkeitsdauer im Team	1.002	1.004
SozialeStressoren	.56755	.322
Heiterkeit	.76432	.584
SchlechteLaune	.73028	.533
GuteLaune	.73028	.533
Humor	.70004	.490

Tabelle 4: Deskriptive Daten aller Variablen mit Varianzen

Geschlecht MA = weiblich

Statistiken[a]

		Humor	Heiterkeit	SchlechteLaune	SozialeStressoren
N	Gültig	129	129	129	129
	Fehlend	0	0	0	0
Mittelwert		2.9128	2.6345	1.8089	1.9054
Median		3.0250	2.6500	1.7000	1.9000
Modus		2.55	2.65	1.00	1.50
Std.-Abweichung		,68729	,76633	,70249	,49455
Minimum		1.18	1.05	1.00	1.00
Maximum		4.00	4.00	3.75	3.10
Perzentile	5	1.6500	1.3000	1.0000	1.1500
	25	2.3875	2.1000	1.2000	1.5000
	50	3.0250	2.6500	1.7000	1.9000
	75	3.5000	3.2500	2.2250	2.2000
	95	3.8875	3.8500	3.1500	2.8500

a. Geschlecht MA = weiblich

Geschlecht MA = männlich

Statistiken[a]

		Humor	Heiterkeit	SchlechteLaune	SozialeStressoren
N	Gültig	97	97	97	97
	Fehlend	0	0	0	0
Mittelwert		2.8531	2.6361	1.9299	2.1155
Median		2.9750	2.7000	1.8000	1.9000
Modus		2.98	2.00[b]	1.00	1.90
Std.-Abweichung		,71881	,76563	,76389	,63514
Minimum		1.10	1.05	1.00	1.20
Maximum		3.98	3.95	4.00	3.60
Perzentile	5	1.6175	1.2950	1.0000	1.3000
	25	2.2750	2.0500	1.2750	1.6500
	50	2.9750	2.7000	1.8000	1.9000
	75	3.4000	3.2250	2.5500	2.5500
	95	3.8750	3.8000	3.2250	3.4100

a. Geschlecht MA = männlich

Tabelle 5: Deskriptive Daten der Variablen Humor, Heiterkeit, schlechte Laune und soziale Stressoren bezogen auf das Geschlecht der Mitarbeiter*innen

Gruppenstatistiken

	Geschlecht MA	N	Mittelwert	Std.-Abweichung	Standardfehler des Mittelwertes
Humor	weiblich	129	2.9128	.68729	.06051
	männlich	97	2.8531	.71881	.07298

Test bei unabhängigen Stichproben

		Levene-Test der Varianzgleichheit		T-Test für die Mittelwertgleichheit	
		F	Signifikanz	T	df
Humor	Varianzen sind gleich	.473	.492	.634	224
	Varianzen sind nicht gleich			.630	201.825

Test bei unabhängigen Stichproben

		T-Test für die Mittelwertgleichheit			95% Konfidenzinterv.
		Sig. (2-seitig)	Mittlere Differenz	Standardfehler der Differenz	Untere
Humor	Varianzen sind gleich	.527	.05970	.09421	-.12594
	Varianzen sind nicht gleich	.530	.05970	.09481	-.12724

Test bei unabhängigen Stichproben

		T-Test für die Mittelwertgleichh. 95% Konfidenzinterval. Obere
Humor	Varianzen sind gleich	.24534
	Varianzen sind nicht gleich	.24664

Tabelle 6: t-Test für unabhängige Stichproben der Variable Humor bezogen auf das Geschlecht der Mitarbeiter*innen

Geschlecht FK = weiblich

Statistiken[a]

		Humor	Heiterkeit	SchlechteLaune	SozialeStressoren
N	Gültig	88	88	88	88
	Fehlend	0	0	0	0
Mittelwert		2,9358	2,7159	1,8443	1,9580
Median		3,0375	2,7500	1,6500	1,9000
Modus		2,43	2,10[b]	1,00	1,50[b]
Std.-Abweichung		,69921	,77588	,71929	,57889
Minimum		1,10	1,05	1,00	1,10
Maximum		4,00	4,00	3,85	3,60
Perzentile	5	1,6475	1,3225	1,0000	1,2000
	25	2,4250	2,1125	1,2125	1,5000
	50	3,0375	2,7500	1,6500	1,9000
	75	3,5250	3,3500	2,4375	2,2750
	95	3,8750	3,8000	3,1500	3,1550

a. Geschlecht FK = weiblich

b. Mehrere Modi vorhanden. Der kleinste Wert wird angezeigt

Geschlecht FK = männlich

Statistiken[a]

		Humor	Heiterkeit	SchlechteLaune	SozialeStressoren
N	Gültig	138	138	138	138
	Fehlend	0	0	0	0
Mittelwert		2,8562	2,5837	1,8714	2,0196
Median		2,9750	2,6500	1,7750	1,9000
Modus		2,98[b]	2,65	1,00	1,90
Std.-Abweichung		,70135	,75518	,73962	,56100
Minimum		1,10	1,05	1,00	1,00
Maximum		3,98	3,95	4,00	3,60
Perzentile	5	1,6225	1,2950	1,0000	1,2950
	25	2,3188	2,0375	1,2000	1,6000
	50	2,9750	2,6500	1,7750	1,9000
	75	3,4125	3,1125	2,4000	2,4000
	95	3,8762	3,8000	3,2600	3,0050

a. Geschlecht FK = männlich

b. Mehrere Modi vorhanden. Der kleinste Wert wird angezeigt

Tabelle 7: Deskriptive Daten der Variablen Humor, Heiterkeit, schlechte Laune und soziale Stressoren bezogen auf das Geschlecht der bewerteten Führungskraft

Gruppenstatistiken

	Geschlecht FK	N	Mittelwert	Std.-Abweichung	Standardfehler des Mittelwertes
Humor	weiblich	88	2.9358	,69921	,07454
	mannlich	138	2.8562	,70135	,05970

Test bei unabhängigen Stichproben

		Levene-Test der Varianzgleichheit		T-Test für die Mittelwertgleichheit	
		F	Signifikanz	T	df
Humor	Varianzen sind gleich	,069	,793	,833	224
	Varianzen sind nicht gleich			,834	185,863

Test bei unabhängigen Stichproben

		T-Test für die Mittelwertgleichheit			
		Sig. (2-seitig)	Mittlere Differenz	Standardfehler der Differenz	95% Konfidenzinterv. Untere
Humor	Varianzen sind gleich	,406	,07964	,09556	-,10868
	Varianzen sind nicht gleich	,405	,07964	,09550	-,10876

Test bei unabhängigen Stichproben

		T-Test für die Mittelwertgleichh 95% Konfidenzinterval Obere
Humor	Varianzen sind gleich	,26795
	Varianzen sind nicht gleich	,26804

Tabelle 8: t-Test für unabhängige Stichproben der Variable Humor bezogen auf das Geschlecht der bewerteten Führungskraft

Anhang C: Persönliche Kommunikation mit Sandro Scharlibbe, Brose Fahrzeugteile GmbH & Co. KG

Geschäftsführer Sitzsysteme

Brose Fahrzeugteile GmbH & Co. KG

per E-Mail am 13.12.2017 von Jessica Motzer

Frage:

Herr Scharlibbe, mich würde Ihr Standpunkt zum Thema „Integration von Humor in den Führungsstil" interessieren. Welchen zwischenmenschlichen und generellen „Benefit" sehen Sie darin und was sind Ihre persönlichen Erfahrungen?

Antworten:

Ich halte ein gesundes und situativ passendes Maß an Humor für wichtig und gut – auch / evtl. sogar besonders bei Führungskräften. Niemand mag einen Chef, der irgendwie immer „lustig" ist – daher situativ.

Humor und Heiterkeit kann ein „Icebreaker" im Verhältnis zum Mitarbeiter sein: man wirkt / ist menschlicher, nahbarer, in unkomplizierter Art und Weise „approachable".

Dabei kann Humor auch mal in einer Situation zum Einsatz kommen, in welcher der Mitarbeiter nicht zwingend mit einem humorvollen Feedback gerechnet hat. Achtung: darf nicht als Belustigung oder gar Auslachen gemeint sein oder gar so wirken – dabei entscheidet der Empfänger (MA), nicht der Sender, wie er die Reaktion empfindet.

Humor kann in schweren Arbeits- und Projektphasen Chef und MA helfen, die eigene Resilienz zu stärken (wenn er aufmunternd und de-eskalierend wirkt – zynisch-sarkastischer Galgenhumor kann auf Dauer das Gegenteil bewirken). Zum Humorteil zählt auch, sich selber mal nicht immer zu ernst zu nehmen. Es erdet den Chef (bin auch sterblich, habe Schwächen und kann drüber reden) und lässt den Chef menschlicher erscheinen.

Humor sollte echt sein, ansonsten lieber bleiben lassen. Auch humorlose Menschen können anderweitig Pluspunkte sammeln (guter Zuhörer, ehrlich/sachlicher Kritiker, spezialisiert Nerd).

Nur Verstellen bringt nichts. Es wirkt affektiert, unglaubwürdig, evtl. sogar peinlich. Die Frage, welche Schwäche man hinter der gespielten Witzigkeit verstecken möchte und wieviel Vertrauen ein Mensch verdient, sehr sicher selber gegenüber eine Rolle spielt, taucht auf.

Die Korrelation zwischen Humor und Kreativität ist in Lehre und Forschung gut hinterlegt und dass Lachen gesund hält, scheint in der Tat auch bewiesen.

Abschließendes Fazit: Humor ja, aber bitte nicht in der Dauerschleife. Ich wiederhole mich: der Situation und dem Gegenüber entsprechender Humor, gepaart mit einer in Summe facettenreichen Persönlichkeit ist aus meiner Sicht ein Erfolgsrezept.